Impressum

Wolfgang Mußzeyko
Gedichte

Die Deutsche Bibliothek -
CIP-Einheitsaufnahme
Ein Titelsatz für diese Publikation ist bei
Der Deutschen Bibliothek erhältlich

Originalausgabe
März 2001

Redaktion: Ulrich Kuhn-Hein, Annette S. Schmidt
Druck: BOD
ISBN 3-931773-48-5

Wolfgang
Mußzeyko

Gedichte

Freud' und Streit.
Lieb' und Leid.
Brot und Not.
Gott und Tod.

Edition
Europa

Vorwort

In der Gersheimer Volksschule von 1933 bis 1938 und darauf im humanistischen Gymnasium Zweibrücken bis 1947 in deutscher, englischer und französischer, besonders aber auch in lateinischer und griechischer Prosa und Lyrik musste, durfte und konnte ich herzlich lesen und lernen. Da begann ich als junger Bub selbst schon zu dichten, besonders dann in der Universität Mainz. Leider wurden im zweiten Weltkrieg viele meiner Schriften vernichtet und auch in der Nachkriegszeit mehrfach gestohlen. Gedichte, die ich zu Gedanken und Gedenken ab 1946 geschrieben habe, mögen, wie ich herzlich hoffe, in diesem Buch freundlich gelesen werden.

Wolfgang Mußzeyko

Frühe Werke
(1946-1947)

Blümelein

Blümelein, ach wärst du mein,
könnt' die Freud' kaum fassen.
Blümelein, Blümelein,
wollt' dich hegen zart und fein,
nimmer mehr dich lassen.

Blümelein, nun bist du mein.
Kann die Freud' kaum fassen.
Blümelein, Blümelein,
will dich hegen zart und fein,
nimmer mehr dich lassen.

Herbst

Es weht ein tiefes Ahnen
so leise um mich her,
es ist des Herbstes Mahnen,
ich fühl es immer mehr.

Die bunten Blätter fallen
so sacht, Du spürst es kaum.
Die Zeit vom Kindeslallen
zum Tod ist nur ein Traum.

Abschied

Was soll es mir noch frommen,
der Freude kurzes Jahr?
All' Glück ist mir genommen
mit ihr, die gut mir war.

Die Augen naß verschwommen,
der Herbstwind zaust mein Haar.
Ach Gott, so muß es kommen,
Ade, auf immerdar!

Zu Weh

In tiefem Schmerze
könnt' ich doch alle Welten schrein.
Ach, wär mein Herze
doch ein gefühllos harter Stein!

Ihr fernen Wolken,
eilt ohne Sorgen leicht dahin.
O, könnt ich folgen
und dieser grausen Welt entfliehn.

Der Sonne Strahlen
muß ich mit bittern Tränen sehn.
Könnt ich zerfallen
doch gleich in Nichts, könnt rasch vergehn!

Mag nimmer leben.
Brich, Nacht, doch schnell auf mich herein,
mich zu umgeben
mit Dunkel vor dem falschen Schein!

Sehnsucht

Es weht die Nacht aus dunklem Raum
so sacht zum Bergeskamm,
sie gleitet hin zum Waldessaum,
schwebt raunend in die Gipfel,
umhüllet Tann und Erlenstamm
und webt die stillen Wipfel
in ihren dunkelsamtnen Traum.
Und alles atmet Ruh!
Ich lehne an den Birkenbaum
und schau dem Mondlicht zu,
wie es sich wiegt im dunk'len Meer,
durch matten Purpurschaum
lichten Gewölb's zur Erde her
in holden Schauern rinnt.
Mild stäubt's auf Busch und stille Au,
hoch über mir die Zweige spinnt
es ein mit zartem Silbertau

und rieselt seinen Perlenfall
versickernd in des Mooses Kräuseln ...
Wie Tränen – ach, ich fühl' sie kaum,
da mir des Windes Säuseln
das Klagelied der Nachtigall
ins Herze harft hinein.
Lehne ich noch am Birkenbaum?
Wer reicht die Arme mir im Schein
des milden Mondes? – Ach, ein Traum –
mein Schatten nur und ich allein.

Fragen und Sagen?

Was soll ich fragen noch
nach andern Dingen,
da Du doch bist?
Gleichwohl so frag ich doch,
ob darf gelingen,
was anders ist.

Bist Du nicht wahrhaft mein,
mußt Du es sagen,
damit ich weiß,
des Herzens große Pein
als Mensch zu fragen
und zu verzeih'n.

Laß, oh Herr

Laß, oh Herr, mich über alle Stunden
dieser flücht' gen Zeit
meiner Liebe schwere
Opferschale aus den wunden
Händen in die Deinen heben,
daß in Ewigkeit
ich sie nicht versehre
in der Bangnis meiner Welt,
wenn sie meiner Hände Beben
nicht mehr hält!

Lieben und Leiden

Vertan die Zeit
mit Deinem Leib,
so manche Stund
mit Deinem Mund
Und kein Verbleib,
es ist soweit:

Ein neuer Schatz,
ein neuer Kuß,
ein neuer Schoß
was mach ich bloß,
wenn geh'n ich muß
zum alten Platz?

Ein letztes Lied
zum letzten Dank
für Lieb und Leid:
Daß mich befreit,
einst liebeskrank,
Dein Blick nicht sieht.

Gehen zu sehen?

Der Gang, den heut ich ging,
war maßlos schwer.
Des Weges Zehr
war ein Gedanke nur,
dem noch ich hing,
ob Deiner Schritte Spur
noch sichtbar wär,
noch hörbar mir Dein Mund
beim Gruß zur Abschiedsstund'.
Ich fand nichts mehr.

Gott und Mensch
(Interpretation zu Goethes „Faust":
Szene „Wald und Höhle")

Das All erfüllt, die endlos weiten Räume
Der Urgeist, ewig schon in Allmacht dauernd.
Sein Wille spricht! Es steigen Dämpfe auf
Und wallen, lebensschwanger, sich zu Massen,
Die, weiterhin sich formend in Bewegung,
Ihr glühend Rund in rasche Bahnen zwingen,
In eig' ne Welten sich um Flammenkugeln
Zusammenscharen, sie umkreisend, Licht
und Lebensodem atmen, um die Schöpfung
Zu krönen, wie im Sonnenlicht die Erde
Geheimnisvolles Leben stets gebärt.
Der Wunderkeim verquillt ein mächtig Regen,
Entfaltet sich und zeuget rings ein Reich
Der herrlichsten Gebilde. Doch die Krone
Verleiht, sie recht zu tragen, nur dem Menschen
In seiner Seel' Unsterblichkeit sein Gott.
Wie seltsam doch, oft gar in strengem Zwange
Zieht es den Menschen in die Einsamkeit,
Mit seinem Gott sich innig auszusprechen.
Und so auch Faust. Das Urbild eines Menschen,
Der immer strebend zu erkennen sucht,
Flieht er hinaus ins Leben der Natur,
Die ihm sein reger Geist erschlossen zeigt.
Wie saugt der Blick die Ferne hoher Berge,
Wie jauchzet er den schroffen Zinnen zu,
Vom Sonnenlichte goldenrot umsprühet.
Dem großen Auge doch, das ihm das Antlitz
Der Gottheit strahlet, senkt der Mensch den Blick.
Er darf allein auf lieblich stillen Wassern
Das Sonnenbild geruhsam schimmern sehn,
Dort wo gefällig laue Sommerlüfte
Den feuchten Hauch zu weißen Wolken hüllen
Und ihn des Nachts zur Erde lindernd tau'n.
Aus dunklem Raum weht diese Nacht herüber,
Umfächelt Faustens sinnend Haupt. Er atmet
Die heilig tiefe Stille ein und schweigt
Hinaus zu den gewalt'gen Welten, die
So unbeirrbar fern vorbei sich drehen.
Da lebt ein kraftvoll Walten durch die Nacht.
Geheimnisvoll erhebt sich' s irgendwo
Und Himmelsweisen harfen im Gewölbe.
Quillt es die eig' ne Brust? Sind's die Gestirne,
Die es sich gegenseitig wiederschwellen?
Doch Faust erfühlt's: Ein göttlich schönes Strömen,
Die Liebe ist's , die alles tief durchwirkt,
Die Welten fest bei Welten hält und, ordnend
In ihre Bahnen greifend, auch die Nacht
Zu Liebeswirken ruft, nach Tagesmühen
Dem Menschen sanft die Augen zuzuhauchen.
Den Morgen grüßet er, mit neuer Kraft
Gestärkt, das Licht, das ihm die Erde schenket.
Erneut, doch ewig neu enthüllt der Tag
Die Liebe. Wärmend blicket sie hernieder
Und weckt auf fernsten Matten, ohne Zahl,
Zu holdem Blühn die zarten Knospen, labt sie
Mit köstlich reinem Naß, gewährt sein froh
Gedeih'n, den Menschen und den Tieren Nahrung,
Beut in der Wälder Tiefe Schutz und Wohnung
Und lebet überall.
Der Lauf der Zeiten
Vergönnt auch der Natur im steten Geben
Die wohlverdiente Rast, den Winterschlaf,
Daß sie im Frühling sich aufs neu gebäre.
Doch diese Zeit der Ruh' birgt auch Gefahr.
Wo jetzt die Sonne nicht mehr Wärme spendet,
Wo alles Leben rings in Kält' erstarrt,
Verhüllt die Pflanze sich im Schnee, verkriechet
Das Tier sich in der Höhle tiefsten Grund
Und harret durch des Wintersturmes Wüten
Des neuen Lichts, des Lebens Wiederkunft.
Gleich wohl ergeht's dem Menschen, trifft es Faust.
Wenn die Gefahr sich naht, gleichviel den Menschen
Nun stürmend rauh umtost, gleich falschem Licht,
Ihn blendend von dem rechten Weg zu locken,
Dann sucht er Schutz in seinem eig'nen Innern,
Dann schließt die Augen er dem grellen Schein
Und findet wie in einer purpurdämm'rig
Gewölbten Grotte wonn'ge Rast. Des Sturmes
Gedonner fern, erschließt sich wie im Traum
Dem Menschen eine neue Welt in zarten,
Von überird'schem Hauch umwehten Formen.
Die Reih'n der Lieben sieht er wiederkehren,

Vor würd'ger Ahnen leicht gewob'nen Bildern
Sich ihre hohen Taten neu beleben,
Ein untrennbares Band zu seinen Werken
Verknüpfend. Göttlich tiefe Schauer rinnen
Ihm durch das Herze und des Ew'gen Stimme
Durchschwingt mit mächt'gem Klang die ird'sche Brust.
Es lauscht der Mensch in sich und wie ein Echo
Tönt es sein Herze wieder, diese Stimme,
Die ihm so lieb vertraut, so oft erscholl,
Wenn er dem Abgrund nah'des Frevels trieb.
Mit gütiger Geduld sprach sie zum Kinde,
Durchflammte zürnend seine Mannesbrust,
Doch folgsam fand er stets der rechten Tat
Befriedigung. Gelindert fiel die Schuld
Durch Gottes Liebeswort.
Und Liebe ist's
Auch jetzt, die Faust durchglüht, die ihn erhebt
Zu des geliebten Wesens hehrem Bilde,
Das sie aus lichten Höh'n herniederträgt.
Und Herz möchte in Herze sich so innig
Ergeben bluten. Tief ergreift den Menschen
Die göttlich schöne Macht der reinen Liebe.
Sie hebt ihn himmelwärts. In ihrem Odem
ruht die beengte Brust sich wieder auf.
Doch Ruh gebährt die Wonne auch den Trug,
Ist oft, wie wenn sich stürmend schöne Wasser,
Zum Teich verebbend, niedersenken. Doch die
Gewalt verliert sich nicht. Aus dunklen Tiefen
Da gäret sie in frischen Säften auf.
Die Ruhe naht wie kalte Winterdämmrung,
Die üpp'ges Sommersprießen niederstreift.
So fällt's auch Faust jetzt eisig in die Schläfen,
Zerstiebt die zarten Schleier des Gefühls.
Mephisto ist's, der sinnliche Gedanke,
Der in des Menschen Brust die schöne Sonne
In nied'res aschenbleiches Glimmen dämmt.
Wenn tierisch stumpf die Brunst nur sich vertobt,
Stößt er den Menschen tiefer als das Tier,
Berechnend kalt die Sinnenlust zu stillen.
Er schrecket Faust mit der Geliebten Not
Und sagt sie, voll der tiefsten Sehnsucht, harrend,
Ebbt Fausts Verzweiflung, die er erst geschürt,
Zu gleichgültigem Denken ab. So paßt's ihm:
Den tiefen Schmerz in Faustens Brust schlägt nun
Mephist in lüsterne Begierde um,
Treibt Faust in der Geliebten Arme wieder.
Wie sie ihn liebt, sich ihm ergeben fühlt,
Schmerzt auch ihr kindlich reines Herz der Kampf,
Der schrecklich ihm das Innere zerwühlt.
Wenn er in seines Geistes hohem Drange
Sich rastlos müht das Göttliche zu fassen,
Wie findet sie in kindlich frohem Glauben
An ihrem Christengott, getreulich folgend
Den Lehren seiner Kirche, doch den wahren,
Beglückend schönen Frieden ihrer Seele!
Das Unfaßbare zu ergründen ziemet
Dem Menschen nicht. Die inn're Stimme sei
Ihm göttliches Gebot und Liebe rein
Zu wahren immerdar ihm höchste Tat!
Dann glaubt der Mensch im Frieden seinen Gott.

(Klassenarbeit 1947 im humanistischen
Gymnasium Zweibrücken)

Liebe für Zeit der Ewigkeit

Du sahst beim Abschied mich wie Eurydike an.
Doch Deine Lippen blieben fremd der Klage
und Deine Schritte ohne Ungeduld.

War es ein Gott, der uns zu trennen sann?
Du hobest wie die Schalen einer Wage
die Hände, abzuwägen meine Schuld,

die nichts war als der Erde süßer Wahn,
Dich festzuhalten für die Ewigkeiten
mit jeder Stunde, jedem neuen Tag.

Warum hast Du mir dieses Leid getan
und ließest mich zurück im Zwang der Zeiten
an Dich zu lieben, wie kein Gott vermag?

Glaube - Hoffnung - Liebe

Aus dunklen Ewigkeiten schweben lichte Träume
erneut um meiner Seele schattenstilles Zelt.
Es ist, als ob ein Gott aus seiner schönen Welt
zur ihr die Wiederkehr ihnen zu wehren säume
durch die am Schöpfungsmorgen ungetrennten
Räume,
in froher Wesensähnlichkeit sich zugesellt.

Aus dumpfen Düsterkeiten, sie im Nichts zerrinnen,
wenn wieder morgenfroh der Sonnentag anbricht,
erhebt sich ein unsagbar holdes Angesicht,
um welches schon mit unvordenklichem Beginnen
sich meiner Seele unbeirrbar heil'ges Minnen
im Zauberklang der Sphärenharmonien flieht.

Ich fühl' mein Herz von Himmelsseligkeit erzittern,
von aller Wirrnis dieser Erde endlich frei.
Da trennt ein Gott die junge Fühlsamkeit entzwei
mit seines scheelen Neides längst gestählten Gittern
und schlägt den moderalten Schwamm, den
gallig bittern
mir auf die Lippen, zu ersticken meinen Schrei.

Ich spür' die Nagelwunden und die Dornenkrone
von diesem Dämon mir ins blut'ge Fleisch gedrückt,
von seiner Lanze Stich die Seite scharf zerstückt,
und über mir die Schrift zu heillos bittrem Hohne,
weil ich in dieser himmlischen Erscheinung' Frone
vor ihrem hehren Bild mich in den Staub gebückt.

Da bäumt mein Inn'res sich in klagevollem Stöhnen:
„Heißt Menschsein Flucht, seit jenes
Flammenschwert
ihm Paradieses Glück in Ewigkeit verwehrt?
Willst du des Glaubens und der Hoffnung mich
entwöhnen,
dann mag'st du auch die heil'ge Liebe mir
verhöhnen,
du, als Gottvater deines Menschensohns nicht wert!"

Narrheit - Wahrheit

Weisend sag'ich Dir die Narrheit:
Daß ich lieb Dich hab',
sei mir Grund,
Dich nie zu lassen.

Lachend sagst Du nun die Wahrheit:
Daß ich lieb Dich hab',
sei Dir Grund,
mich stets zu hassen.

Nimmer möchte ich zerstören
Deiner Wahrheit Fluch,
ohne Huld
aus Deinem Munde,

immer aber still beschwören
meiner Narrheit Spruch,
ohne Schuld
zur Abschiedsstunde.

Sehnsucht

Siehst Du die Sehnsucht nicht, mir aus den
Augen dringen,
hörst Du die Sehnsucht nicht, mir von den
Lippen klingen,
spürst Du die Sehnsucht nicht, mir in den
Händen ringen,
nach Dir, nach Dir?
Ich seh', Du magst es nicht, was meine Augen fragen,
ich hör, Du magst es nicht, was meine Lippen sagen,
ich spür', Du magst es nicht, was meine Hände tragen
zu Dir, von mir!

Vorbei

War je die Welt um mich so wundersam,
wenn Leuchten mir aus Deinen Augen kam,
aus Deinem Munde Silberklang?

War je die Welt um mich so grauenvoll,
als zu der Stund', da ich Dich lassen soll,
gehorsam Deinem herben Zwang?

Die Welt sei grauenvoll, sei wundersam,
die, sie zu lieben, mir die Hoffnung nahm,
sei mir bedanket gar,

daß sie aus Licht mich erst zu glauben hieß,
bevor in Finsternis sie mich verstieß.
Wie schön das Märchen war!

Spuren im Schnee

War auch Dein Schritt mir näher als Dein Sinn
und mir Dein Herz wie eine Morgenblüte
verschlossen, litt ich, daß es sich nicht mühte,
auch nur zu ahnen, daß ich gut Dir bin.

Blieb auch Dein Mund wie Wüstenboden karg
und all Dein Denken fern mir abgekehret,
ich litt es, weil der Waldweg unversehret
im Schnee behutsam unsre Spuren barg.

Wie soll ich's leiden, daß zur Frühlingszeit,
wenn alles rings im Lichte zu gesunden
beginnt, die liebvertraute Spur verschwunden,
als wie ein Kind zu warten, bis es schneit?

So lebe Tag um Tag ich meine letzte Frist ...
Läßt meine Spur sich winters nicht mehr finden,
dann magst Du es im Frühling leicht verwinden,
wie lieb Dir zugetan, der fortgegangen ist!

Warum?

Lächelnd stehst Du an den Wegen,
die ich lange einsam ging.
Heißt Dein Lächeln mich entgegen
aller Hoffnung Liebe hegen,
den schon Todeslust umfing?

Was soll mir Dein Lächeln frommen
ohne Hoffnung immerzu?
Wozu bist Du nur gekommen,
warum hast Du mir genommen
meiner Seele Todesruh?

Warum ziehst Du vom Verderben
mich zurück, den Du nicht liebst?
Warum lachst Du meinem Werben,
warum läßt Du mich nicht sterben,
dem Du keine Antwort gibst?

Blut und Liebe und Tod

Blut und Liebe und Tod
klingen gewaltige Weise,
singen aber auch leise
Herzens Freude und Not.

Blut und Liebe und Tod
heißen uns ganz zu umleiben,
zu umseelen und bleiben
stets uns höchstes Gebot.

Blut und Liebe und Tod
kreisen um unsere Seelen,
daß sie nie sich verfehlen,
nie sie Scheiden bedroht.

Blut und Liebe und Tod
glühn uns're Seelen zusammen,
bis ihr heiliges Flammen
still im Weltgeist verloht.

Frühling, Sommer, Herbst und Winter

Im Frühling war's
des junges Jahr's,
als rings die Knospen trieben
und sie mich rief,
da bin ich stumm geblieben,
weil ich bei einer andern schlief.

Im Sommer war's
des halben Jahr's,
als rings die Luft erprangte
in Frühlingspracht
und sie nach mir verlangte,
hab einer andern ich gedacht!

Im Herbste war's
des reifen Jahr's,
als schon zur Ernte drängte
des Jahres Frucht,
es ihr das Herz beengte,
als sie vergeblich mich gesucht.

Im Winter war's
des müden Jahr's,
hört' ich beim Flocken treiben
ihr Rufen nicht,
denn es zwang just zum Bleiben
mich einer Fremden Angesicht.

Im Anfang war's
des neuen Jahr's,
da faßte mich Verlangen
nach Wiederkehr.
Doch sie war stumm gegangen
und die vertraute Kanne leer.

Nicht einmal war's
des ganzen Jahr's,
daß ich mich nicht betrunken
vor Sehnsucht hab.
Oh, wär' ich doch versunken
mit ihr in unsrer Liebe Grab.

Frühling weht, Herbst vergeht

Warum muß Deiner Seele leisem Fragen
dein Mund dir liebe Antwort herb versagen,
obwohl sie um Dich wirbt?
Wie lange kann Dein Sinn es noch ertragen,
daß meine Seele, Deiner zu entsagen,
so endlos um sich stirbt?
Was ist, was meiner Augen müdem Schein
verwehrt, daß er mit Deinem Blick sich eine,
so ganz in ihm verweht?
Vielleicht weiß es die lichte Frühlingsblume,
wenn sie entsprießt der dunklen Ackerkrume,
eh' sie im Herbst vergeht.

Herbst

Dem Lärme taub,
dem Scheine blind,
fühl ich das Laub
im Herbsteswind
verwelken und verwehen.

Wenn Du es spürst,
daß ich Dir gut,
und Du mich führst,
will vollem Mut
ich ewig mit Dir gehen.

Wenn dergestalt
der Tod beginnt
und ohne Halt
das Sein zerrinnt,
wie kann ich das verstehen?

Herzliebste

Ich sah, Herzliebste, Dich
in eines andern Armen
erleben Lieb' und Lust.
Ich fühlt', Herzliebste, sich
Dein Herz erneut erwarmen
an eines andern Brust.
Was Dir mein Weh und Harmen
um Dich zum Gotterbarmen
nicht einen Deut bewußt?

Täusch nie, Herzliebste, mehr
mein Herze mit Verlangen
nach neuer Liebeslust!
Denn Deiner Wiederkehr
verschließet voller Bangen
mein Herz sich schmerzbewußt.
Bin ich dereinst gegangen,
so magst erneut Du bangen
an eines andern Brust.

Drum hab' ich mir zum Trost,
mich trotzig ihm zu einen,
ein Liebchen angelacht.
So oft ich es liebkoste,
hab ich bei Wein und Weinen
nur immer Dein gedacht.
So sei mein letztes Meinen
von Herzen Dir, der Einen,
und Liebsten, zugebracht.

Gebet

Gib, Herr, daß sie Dich liebe mädchenfromm,
doch auch ein wenig nur mein Herz verstehe
und, wie ein Engel sacht durch einen Dom,
durch meiner Seele stille Andacht gehe!

Wirf, Herr, auf meine Seele ihre Last,
nimm fort von ihrem Munde alle Klagen
und gib mir Kraft, war ihr bestimmt Du hast,
für sie in Liebe willig mitzutragen!

Und fordertest Du, Herr, von mir Verzicht
und gäbest einem andern sie zu eigen,
dann schenke ihrem neuen Weg Dein Licht
und mir die Kraft, mich ihrem Glück zu neigen.

Seelenklang - Sonnensang

Du hast Dich wie ein Sonnenstrahl ins Vogelnest
in meine Seele heimlich eingeschlichen,
daß sie von Deinem Lichte froh sich wärmen läßt,
weil ihres Leides Nacht von ihr gewichen.

Und, wie ihr kleines Nest die junge Vogelbrut,
all mein' Gedanken zärtlich Dich umscheuen,
um Dich mit allem, was auf Erden schön und gut,
in seligem Verschenken zu erfreuen.

Ach, könntest Du, Dich einen Märchensommer lang
von Herzen lieb zu haben, mir gewähren,
und Dich mit meiner Seele heil'gem Sonnensang,
bevor die Blumen sterben, zu verehren!

Schein und Sein

Ich fühle bang, daß meine Seele
die Deine wundersam berührt
an jener endlos fernen Stelle,
zu der ein stiller Weg nur führt.

Und immer strömt seit jener Stunde
anschwellend meiner Liebe Flut
zu Dir wie aus der Todeswunde
das allerletzte Lebensblut.

So will ich ganz in Dir vergehen;
in Deiner Seele schönem Hain
mag alles, was mit mir geschehen,
in Ewigkeit verwahret sein!

Finden und Binden

Weißt Du der Wege einen,
den ich um Dich nicht ging,
nur Dich allein zu finden,
wo mich an Dich zu binden,
mit Dir mich zu vereinen
mein Lieben Dich umfing?

Die Tage sind vergangen,
die Spuren längst verweht.
Noch einmal Dich zu finden,
an Dich mich fort zu binden,
das ist all mein Verlangen,
bis es im Tod vergeht.

Erhören und Wehren

Wes' Stimme ist so stark, mir Tag und Nacht
der Liebsten Namen ins Gehör zu tosen,
wes' Arme sind so stark, die schwere Tracht
des Leids um mich vom Herzen hinzustoßen?

Nicht Eines Stimme, Eines Arme sind
so stark zu rufen, die mich kann erhören,
so stark ,durch die mein Herzblut ewig rinnt,
das Leid zu arm, um mich zu wehren.

Samtäugelein

Samtäugelein, Samtäugelein,
wie lieb ich Dich so sehr,
mit jedem Tag, Samtäugelein,
mit jeder Stunde mehr!

Ob Du mir fern, ob Du mir nah,
Du bist in Freud' und Leid
das Liebste, das mein Auge sah,
Du wonnigliche Maid.

Seligkeit und Ewigkeit

Es ist eines, Dich zu meiden,
und ein and'res, Dich zu sehn,
und mein Sinn kann nicht entscheiden
eines Weges nur zu gehn.

Könnt' in Deinem Blick ich lesen,
was die Seele still begehrt,
wüßte ich, ob es vermessen,
daß mein Herz Dich lieb verehrt.

Deines Antlitz' lichte Reine
säumet keusch des Haares Kranz,
in der Augen holdem Scheine
ahn' ich Deiner Seele Glanz.

Wie kann sich mein Herz bezwingen
in des Schauens Seligkeit,
all sein Sehnen nicht zu singen,
Dir geweiht in Ewigkeit?

Träumerei

Wieder träume ich am Teiche,
bis zum liebvertrauten Ort
ruft Dein Bild vom Elfenreiche
scheu empor mein Zauberwort.

Bebend öffn' ich mich dem Schönen
und es seelt so tief und rein
aus der Flut in Silbertönen
wie ein Märchen in mich ein.

Halten will ich Dich, doch blässer
schwinden Mond und Abendstern,
dunkle Nacht hüllt das Gewässer
und da weiß ich: Du bist fern.

Du

Ich singe Deinen Namen in den Tag
und hoffe, Daß Dein Sinn es ganz begreife,
wie tief mein Herz um Deines Herzens reife,
beseligende Schönheit bangen mag.

Ich bete Deinen Namen in die Nacht,
um meine Seele Deinem Dienst zu weihen,
und sehne mich nach gütigem Verzeihen,
wenn in Verwirrung Dich mein Wort gebracht.

Ich weine Deinen Namen in das Nichts,
wenn sich Dein mildes Lächeln von mir wendet
und all mein heil'ges Sehnen nach Dir endet
im Dunkel, fern dem Zauber Deines Lichts.

Bildnis -Wildnis

Es war ein Tag, wie er nur Menschen lacht,
die nie sich haltlos an die Nacht verlieren,
und meine Seele hat mit frohem Jubilieren
den Himmel wie die Erde rings bedacht.

Aus Blüten ist ein duftendes Gebet,
aus Vogelsang ein klingendes gegangen,
da ist aus meinem Herzen alles Bangen,
wie Nebelschleier vor dem Wind, verweht.

Mir war, als ob des Wegs beglückend nah
die Herzensliebste wäre hergekommen;
von Himmelsseligkeiten ganz benommen,
ich ihr so engelschönes Bildnis sah.

Und durch das Blütenmeer mit zagem Schritt
ging sie, an Duft und Licht und Klang sich labend,
durch wundersame Stunden in den Abend
des Abschieds vor der Nacht verschwiegen mit.

Es kommt die Nacht, mit ihr in dumpfem Sang
die endlos ziehende Kolonne der Gerippe,
voran der Tod und winkt mit seiner Hippe,
mich einzureihn zu meinem letzten Gang.

Schon fühlt die Seele blutlos sich entleibt
und ihre Lebenskraft ins Nichts zerrinnen.
Sich jenes Sonnentages zu entsinnen,
ist alles, was von ihrer Liebe bleibt.

Jahr des Lebens

Am Morgen zog voll Lust ich lange Pfade
und Frühlingsblüten säumten meinen Gang.
Ich wehrte nicht der lieblichen Dryade
die mich, wie Efeu einen Baum, umschlang.

Am Mittag wollte ich an kühlem Borne
der sommerlichen Sonnenglut entgehn,
da küßte mich die waldesdunkle Norne.
Ich ließ mit mir ihr Schattenspiel geschehn.

Am Abend lud ein stiller Teich zum Bade
und Herbstlaub mich zu wohlverdienter Rast.
Am Ufersaume nahm mich die Najade
in ihre weißen Arme als geliebten Gast.

Die Nacht sah mich verlassen und verloren
und Baum und Born und Teich in Eis erstarrt.
Als würde mir ein neuer Tag geboren,
hat endlos mich die Winternacht genarrt.

„Vergeblich"

Du magst mich plagen,
Du magst mich schlagen
bis auf das Blut.

Du magst mich rügen,
Du magst mich trügen,
ich bleib Dir gut.

Du magst mich binden,
Du magst mich schinden,
ich trag' die Pein.

Du magst mich quälen,
Du magst mich pfählen,
ich bleibe Dein.

Die Lyre

Es ist in mir, als ob mein Herz berühre
in seinem Dunkel Deine lichte Hand
wie eine alte, lang verstummte Lyre,
mit seinen wunden Fasern neu bespannt.

Und es entquillt als ewig heil'ge Ode
mit ihrem Blute Deiner Hände Spiel
die Weise meiner Liebe, die im Tode
in Deine Seele sich verbluten will.

Doch wenn einmal verklungen, was ich meine
und Dir in Liebe innig zubedacht,
so gib die Lyre wieder ihrem Schreine
zurück ins Schweigen einer ew'gen Nacht!

Die Zeit der Liebe

Ich wollt', ich wär' des Frühlings Licht,
Dich wonnig zu umschmeicheln
und Dir das holde Angesicht
mit mildem Glanz zu streicheln.

Ich wollt', ich wär' des Sommers Wind,
Dein zartes Haar zu fächeln,
bis Du, von Herzen lieb gesinnt,
mir gäbst Dein schönstes Lächeln.

Ich wollt', ich wär des Herbstes Pracht,
zu Füßen Dir gelegen,
auch daß Du möchtest feensacht
Dich über mich bewegen.

Ich wollt', ich könnt' als Wintertraum
Dir Deinen Schlaf umhüllen
und Deine Seele bis zum Saum
mit meiner Liebe füllen.

Ich wollt', ich könnte immerfort
Dein ganzes Sein umweben
und meiner Seele heil'ges Wort
an Deine Seele heben.

Ruf der Seele

Dem Gott, der Dich erschuf,
möchte ich auf ewig fluchen,
nicht, weil er's tat,
jetzt nein und immer nein,
doch weil sein Ruf,
Dich immerfort zu suchen,
geboten hat
der Seele mein.

Den Gott, der mich erschuf,
möchte ich auf ewig suchen,
nicht, weil er's tat,
jetzt nein und immer nein,
doch weil sein Ruf,
mir immerfort zu fluchen,
geboten hat,
der Seele Dein.

Begegnung

Heut wollt' ich es wagen,
heut wollt' ich ihr sagen,
daß ich sie mag.

Ich wollt' sie erwarten,
mit Liebe umzarten
am Rosenhag.

Vom Lichte umlächelt,
vom Winde umfächelt,
schritt sie einher.

Ich schwieg voller Bangen,
da ist sie gegangen
und kam nicht mehr.

Wandlung

Ich schaue schon mit Deinen Augen
in diese wundersame Welt,
ob ihre Dinge für Dich taugen
und nicht ihr bloßer Schein gefällt.

Ich taste schon mit Deinen Händen
behutsam nach der Dinge Sein,
gleich wie ein Blinder an den Wänden,
vor Sehnsucht, bald daheim zu sein.

Ich fühle schon mit Deiner Seele
das Glück im Wechsel mit der Pein
und hoffe, daß sie nicht verfehle
ihr Wesen, schön und gut zu sein.

Wie Wort mit Antwort eng verschworen,
wie Herz verspürt des Herzens Schlag,
bist Du in mich hineingeboren
so wie die Sonne in den Tag.

Du und ich

Wirst Du des Tages nicht,
der Stunde nicht vergessen,
wo wir beim Morgenlicht
verträumt gesessen?

Soll Dein Gedenken sein,
wie wir uns selig herzten
und bis zum Abendschein
wie Kinder scherzten?

Ich will mein Leben lang
des Tages lieb gedenken,
da mich mein Herz bedrang,
es Dir zu schenken.

Du

Der Himmel glüht
im Wunderglanz der Sonne,
die Erde blüht
zum Danke voller Wonne
und Erd und Himmel sind sich nah.

Du, Liebste, glühst
als Himmel mir vor Sonne,
Du, Liebste, blühst
als Erde mir vor Wonne,
ich danke, daß dies' Wunder mir geschah.

Wann?

Wirst Du mir sagen,
mich nicht betören
mit süßer List,
wenn jene Zeit,
Abschied zu nehmen
gekommen ist?

Du wirst kein Klagen
darüber hören,
wenn jene Frist
in Ewigkeit
ein leichter Schemen,
zerronnen ist.

Wenn Götter wagen,
mir zu zerstören,
was lieb und gut,
soll alles Klagen
dem Grab gehören,
in dem es ruht.

Not und Tod

Was ist es, das Dich zwingt
an mir vorbeizugehn
so unverwandt?
Was ist es, das Dich zwingt,
an mir vorbeizugehn
so unverstandt?

Was es auch immer sei,
an mir vorbeizusehn
bringt mir die Not.
Was es auch immer sei,
an mir vorbeizugehn
bringt mir den Tod.

Vorbei zu sehn, zu gehn
vorbei, sei einerlei:
Ich will's verstehn.
Doch gibst Du, Dich zu sehn,
den Wunsch mir nicht mehr frei,
will ich vergehn.

Schweigen

Wem soll ich singen,
wennn sie nicht mehr mein,
wem Blumen bringen,
wenn nicht ihr allein?

Wem soll ich geben,
Herr, in Deine Hut,
wem das vergeben,
was so weh mir tut?

Heißt Du mich schweigen,
daß ich sie begehr,
bin ich zu eigen,
Herr, auch Dir nicht mehr.

In Deinem Schoße
die rote Rose
verwelkte schon.

Die hohe Eiche
am dunklen Teiche,
sie weiß davon.

Wenn ich sie frage
nach jenem Tage,
was raunt sie wohl?

Daß ich vergessen,
was einst gewesen,
auf ewig soll?

Im Walde

Vom Wald umfangen,
sind wir gegangen
still Hand in Hand.

Der Welt vergessen,
sind wir gesessen
am Wegesrand.

Der Menschen Gehen,
der Tiere Spähen
ich sah es nicht.

Ein wonnig Träumen
tat Dir umsäumen
das Angesicht.

All unser Reden
ging wie ein Beten
von Mund zu Mund.

Auf leisen Sohlen
kam da verstohlen
die Abschiedsstund.

Liebste

Du Liebste mein,
ich schenke Dir
zu holder Zier
den Mondenschein,
des Himmels Silbersterne.

Mit Sonnenlicht,
mit Himmelsblau,
mit Morgentau
Dein Angesicht
schmück' ich von Herzen gerne.

Den Wolkensaum,
den Blütenduft,
die Frühlingsluft,
den Märchentraum
bring ich, um Dich zu werben.

Des Sommers Glut,
des Winters Weiß,
ein Amen leis,
mein Herzensblut
sei Dein und auch mein Sterben!

Fragen

Wann der Zeiten wirst Du wohl vergessen
unsrer jungen Liebe ersten Tag,
wo auf Erden wirst Du es ermessen,
daß allüberall ich Dich nur mag?

Wer der Menschen wird Dich mir entreißen,
was der Dinge dich entfremden mir,
warum hast Du und wozu geheißen
mich, auf ewig zu vertrauen Dir?

Wie soll ich das wer, wo, was ertragen,
das warum, wozu, das wie und wann,
wenn auf meiner Seele banges Fragen
Deine keine Antwort geben kann?

Das Blümlein ...

Ich tat ein Blümlein finden
an einem Maientag
und konnte nicht verwinden,
daß es gebrochen lag.

Ich sucht' es aufzurichten,
bot Tränen ihm zum Trank.
Auf Pflege zu verzichten,
es neu zu Boden sank.

So sehr ich mich bemühte,
es starb in meiner Hand
und seine junge Blüte
kein Lebenslicht mehr fand.

Ich tat der Sonne fluchen,
die ihm das Licht entzog,
und jenem, der sein Suchen
nach Glück so weh betrog.

O Blümlein, hab geschworen,
kein andres anzurührn.
Kannst du mit dir verloren
mein Lieb und Leben spürn?

Schall und Rauch

Ich steh am gleichen Fluß wie einst
mit ihr, am gleichen Orte.
Was nützt es, Seele, daß du weinst,
verstummt sind ihre Worte.

Verweht ihr Bild, ihr Schritt verhallt,
sie ist von mir gegangen.
In meine Seele fällt so kalt
und trostlos ein Erbangen.

So unstet ist wie Schall und Rauch
die Liebe. Ihr Beginnen
nicht anders als ihr Ende auch
ist einzig ein Zerrinnen.

Wir steigen nie zum gleichen Fluß
als gleiche selbst hinnieder.
Der gleiche Blick, der gleiche Kuß,
nichts Gleiches kehrt je wieder.

Dein

Ich bin so Dein,
daß ich mir selbst nicht bin;
und wär's nur Schein,
wär's endlos mir Gewinn.

Gibst Du mich preis,
so bin ich nichts als Dust,
der keiner Träne weiß
um meines Seins Verlust.

Bist Du mir gut,
will ich Dein Eigen sein.
Mein Herzensblut
sei Dein, auf ewig Dein!

Lieben und Leiden

Wann gibst Du mir endlich die Ruhe zurück,
die Kraft, Dich für immer zu meiden,
den stärkeren Willen, das neuere Glück
der Freiheit von Lieben und Leiden?

Schau dem in die Augen, wann immer Du magst,
mit Blicken, den Wirren zu blenden,
und täusch' ihn wie mich mit dem, was Du sagst,
ihm Glauben an Treue zu enden!

Und wenn Du das Herz zerrissen ihm hast,
erzähl' ihm von unseren Stunden,
da ich Dich geliebt, doch Du mich gehaßt!
Das wird ihn zu Tode verwunden.

Der Mund, der Dich küßte, ersterbe Dir stumm
im Feuertod oder Verscharren
gleich meinem, Du aber dreh' lachend Dich um
zum nächsten Dich liebenden Narren!

Wann gibst Du mir endlich die Unrast zurück,
die Schwäche, Dich nimmer zu meiden,
den schwächeren Willen, das treulose Glück
statt Freiheit von Lieben und Leiden?

Beginnen - zerrinnen

Kaum, daß begann,
auch schon zerrann,
was ich erneut empfunden,
da wieder ich
allein durch Dich
erfuhr der Seel gesunden.

Du rissest ein
das Brückelein,
zu schwach gefügt zu binden.
Von Herz zu Herz
ist uferwärts
kein Halten mehr zu finden.

So mag vergehn,
so mag verwehn,
was still und zart begonnen!
Vergiß, daß ich
so innig Dich
und einzig liebgewonnen!

Vorbei

Es sei vorbei
die Träumerei
von Liebesseligkeiten!
Behüt Dich Gott!
Ich bin Dir tot
in alle Ewigkeiten.

Feinsliebste

Ein' süße Lieb' ist worden
ins Herze mir getan,
so süß wie hier und dorten
kein' süß're werden kann.

Solch wundermächtig' Lieben
muß wohl vom Himmel sein,
hat mir all Leid' vertrieben
mit seinem Zauberschein.

Feinsliebste, Deiner wegen
bin ich bei Tag und Nacht,
Dich treu und scheu zu hegen,
von ganzer Seel' bedacht.

Daß ich's zu singen wage
zum Himmel hoch, vergib,
weil ich im Herzen trage
Dich ewig treu und lieb!

Opfergang

Du läßt, oh Herr, den Acker voller Ähren,
daß uns zu Brot sie werden, reifend stehn,
der Reben Früchte uns zu klarem Gären
durch uns'rer Schwachheit müde Kelter gehn.

Gibst Du das Brot
und nimmst die Not,
gibst Du den Wein
und nimmst die Pein
als guter Gott
uns zum Gedeihn
und doch zum Tod?

Tut uns da not
Dein Fleisch als Brot,
Dein Blut als Wein,
wie Du zu sein?
Weicht dem Gebot
uns zum Verzeihn
dereinst der Tod?

Gabst Du, oh Herr, mir der Erlösung Würde,
so sein wie Du und göttlicher Natur,
laß ihr, die ich so liebe, mich die Bürde
des Kreuzes tragen, treu der Liebe Schwur.

Begonnen - zerronnen

Laß mich nicht länger weinen
um jenes schöne Bild,
im dem Du mir erschienst!
Dies eine Sein und Scheinen
doch wieder wundermild,
wie Du zu sein verdienst,
im Herzen mir zu einen,
sei, Liebste Du, gewillt!
Sonst laß mich ewig weinen
um Dein verlor'nes Bild!

Sehnsucht

Wenn sich des Frühlings Blüten färben,
da hebt ein erstes Hoffen an,
daß in der Liebe lichtem Werben
die Seele ganz versinken kann.

Wenn sich des Herbstes Blätter färben,
da hebt ein letztes Hoffen an,
daß aus der Liebe dunklem Sterben
die Seele ganz erstehen kann.

Des Sommers Schwüle quält zu fragen,
wohin des Frühlings Blühen treibt;
doch Winters Kühle erst läßt sagen,
daß nur die Sehnsucht uns verbleibt.

Fragen

Was soll ich fragen noch
nach andern Dingen,
da Du doch bist?

Gleichwohl so frag' ich doch,
ob darf gelingen,
was anders ist.

Bist Du nicht wahrhaft mein,
mußt Du es sagen,
damit ich weiß,

des Herzens größte Pein
als Mensch zu tragen
und zu verzeihn.

Der Teil und das Ganze

Ich will das Ganze nicht,
wenn ich den Teil nicht hab',
es wär' nicht Lebenslicht,
noch wär' es Totengrab.

Ich will auch nicht den Teil,
wenn mir das Ganze fehlt.
Du bist mir Licht und Heil,
Du bist, die mich beseelt.

Ich will Dein Eigen sein,
im Herzen Dir verwahrt,
Du aber läßt allein,
der einzig Deiner harrt.

Ich will das Ganze: Dich.
Doch Dein sei der Entscheid!
Die Halbheit tötet mich
und Zwang tut Göttern Leid.

Sag ja, sag nein, sonst nichts!
Vom Bösen ist das „Mehr".
Das Feuer des Verzichts
trennt mir die Seele leer.

So langsam, wie bangsam

So langsam wie sandmahlend Räder
der Ochsenkarren ächzt hin die Zeit,
wenn Du nicht nah mir bist
und durch des Herzens Blutgeäder
in endlos schmerzende Fühlsamkeit
des Harrens Gram sich frißt.

So rasch, wie Sturm durchbraust die Welten,
entflieht mir rastlos die Zeit, wenn Du
Sie, Dich zu sehn, mir gibst.
Wie darf, wie kann ich Dir entgelten
der Seele Unrast oder auch Ruh,
wenn Du mich nicht mehr liebst?

Licht - Verzicht

Erloschen ist das Licht,
das ich in Händen hielt,
vorm Abendwind.

Bin ich verloren nicht,
weil Du nicht mehr gewillt,
daß ich Dich find'?

Du heißt mich stumm zu sein,
verbietest meinem Mund
der Liebe Lied:

So ende bald die Pein,
noch ehe es Dir kund,
daß ich verschied.

Schweigen

Du hast das Schwert des Schweigens
so zwischen uns gelegt,
daß kaum noch eines sich bewegt
der Worte eines zarten Reigens,
der Dich umhegt.

Du weißt, daß Schwerter töten.
Mein letztes Wort, das fiel,
ersterbend Deinem Spott und Spiel,
war Dir geweiht. Du magst erröten,
ich bin am Ziel.

Du, Seele

Du, meiner Seele Braut,
vergiß nicht mein,
der einzig Dir,
ohne Begier,
nur ihm zu sein,
sich ewig anvertraut!

Herr, laß ...

Herr, laß das Eilen
Deiner Sonne stehn
und es geschehn,
bei ihr zu weilen,
die meiner Seele Singen preist!

Herr, laß der Sterne
Leuchten schnell vergehn,
wenn nachts sie sehn,
daß sie mir ferne!
Du weißt doch, was „verlassen“ heißt.

Morgen, Mittag, Abend

Ich sah der Morgenröte Licht
in Deinen jungen Augen,
der Mittagssonne volle Glut
wie Rosenblut
sich in Dein scheues Angesicht
bis in die Seele saugen.

Ich sah des Mondlichts Silberfirn
auf Dich herniedertauchen,
des lauen Sommers Abendwind
behutsam lind
die Wangen kosen, Deine Stirn
so wonnemild umhauchen.

Ich sah um Deinen weichen Mund
holdseliges Verlangen
und tief erbeben Deine Brust
vor keucher Lust ....
Doch wichst' Du meinem Werben und
Dein Blick ward zornverhangen,
da bin, im Herzen todeswund,
ich still ins Nichts gegangen.

Herr, ...

Herr, wehre meinem Beten nicht,
zu halten ihre Hand,
zu küssen ihren Mund,
zu spüren ihren Schoß,
zu sein in ihrer Seele,
auf daß ich nicht mehr fehle
und Du mich leidenlos
mit ihr zur letzten Stund'
aus dieses Dunkels Land
heimführest in Dein Himmelslicht!

Herr

Herr, schenke meinem Flehen Dein Gehör!
Darf meine Liebe zu dem Schönen,
darf zu dem Guten ihres Seins,
bar allen irdisch falschen Scheins,
selbst gut und schön, jemals verhöhnen
Dein Wort vom Himmelreich und Nadelöhr?
Da uns nicht einen kann Versprechens Bruch,
doch auch nicht trennen darf Verzichten
auf heilig stilles Seelenglück,
geb ich mein Leben Dir zurück.
Dann magst Du meine Liebe richten
und meine Klage über Deinen Fluch!

Nie und nimmer

Du hättest mir so früh noch nicht begegnen dürfen,
als Deine Mädchenheit es mir verwehrt,
in Deiner Seele Tiefe schon zu schürfen,
was je ein Mann an Erdenglück begehrt.

Du hättest mir so spät nicht mehr begegnen dürfen,
als Deine Mädchenheit schon unverwahrt
an eines and'ren stärkeres Bedürfen
als meine Seele hingegeben ward.

Von allen meines Lebens Schicksalswürfen
fiel der zu nah und jener fiel zu weit:
So brach mein Erdenglück mit Deiner
Mädchenheit.
Du hättest nie und nimmer mir begegnen dürfen.

Brot und Not

Du hast mich weggeworfen wie ein Stück Brot,
das Dir, zu hart geworden,
nun nicht mehr schmeckt.
So lieg ich in der Gosse arger Not,
dem Tritte ausgesetzt fühlloser Horden,
von einem Hund beleckt
noch dann und wann,
bis mich des letzten Kehrers Besen
nicht fürder leiden kann,
- wie wollt' ich doch, von Dir erlesen,
mit Dir zum Himmel lodern! -
und ich, auf einer Kippe angekarrt,
nicht unterscheidbar mich vom Straßenkot,
bestimmt bin zu vermodern,
ein Stückchen Brot,
das Dir zu hart
gewesen.

Dein letztes Wort

Es geb' ein Gott,
daß Dein Erbarmen
ich ertragen kann
wie Deinen Spott!
Jäh sprang mein Harmen
Dein Mitleid an
wie einen Bettelmann
die Hunde vor des Herren Haus.
Dein letztes Nicken
jedoch, so lässig hingetan
in kalter Spröde,
wies wie Dein Blicken
mich hinaus
in Nacht und Öde.
Dein letztes Wort gebot
so unerbittlich hart,
dem Herzen so unselig,
auf daß ihm nicht erspart
die Not, die große Not
zu tragen bliebe,
auf ewig
zu vergessen seine Liebe,
seine große Liebe.

Laß, Herr...

Laß, Herr, auf ewig mich erblinden,
als je die Weile eines Augenblickes nur
auf ihren schmerzdurchbebten Wangen finden
erneut um mich vergoß'ner Tränen Spur!

Laß, Herr, die Lippen mir verdorren,
als daß es einem einz'gen Worte je gelingt,
daß unbedacht, von falschem Schein verworren,
es, sie verletztend, sich dem Mund entringt!

Laß, Herr, mir das Gehör ertauben,
mein Sein ersterben, das an sie nicht denkt
und all sein Hoffen, all sein festes Glauben
und all sein Lieben einer andren schenkt!

Geliebt

Wie jauchzt mein Herz und bangt!
Ein Mund, der lang verschlossen blieb,
sprach mir das schönste Wort
auf Erden hier: „Ich hab Dich lieb
und gehe nimmer fort."
Dem Himmel sei's gedankt!

Du, Herr, ...

Du wirst kein Leiden spüren,
das Du nicht trugst,
sollst nicht an Wunden rühren,
die Du mir schlugst!

Dem, der in Dir beseligt,
durch dich gebracht
zu Tod, laß unbehelligt
die ew'ge Nacht!

Verzicht

Es sind des Herbstes Nebel nicht,
die mir die Tage trüben,
die Augen schon zu üben
für den sich nähernden Verzicht
auf des vergangnen Sommers Licht
und all der Liebe Lust.

Es ist Dein Bild, Dein Angesicht,
das herb sich mir entzogen,
Dein Mund, der mich betrogen,
wodurch an Dich mein Glaube bricht.
Kein Wort mehr, das von Liebe spricht,
heilt mir die wunde Brust.

Verwelkt - verweht

Es waren einst der Winde nicht genug
und nicht genug der allzu flücht'gen Stunden,
da jeder liebe Blütengrüße trug
zu Dir, von Herzensfasern fest umwunden,
und bat, daß du sie nähmst.

Du hast der Winde Liebesdienst gelähmt,
nicht mehr des Herzens Blütengruß geduldet,
Dich meines stillen Werbens gar geschämt,
als habe es mein Liebeswort verschuldet,
daß Du nie wieder kämst.

Hat je Dein Mund die Winde schon gefragt,
warum sie in den Weiden mit mir trauern,
Dein Herz gefühlt, wie jede Blüte klagt,
daß sie nicht darf mit meiner Liebe dauern,
die Du zu Tode grämst?

Erlöst

Mich lassen Deine Augen
nicht mehr los
und ihre Tiefen saugen
mir die Seele
von wirrer Fehle
frei und bloß.
Ließ Deine Hand doch und
aus seinem warmen Hauch
mich nicht mehr los
Dein keuscher Mund,
die zarte Brust,
in Himmelslust
entblößt,
und voller Seligkeiten auch
Dein Mädchenschoß,
ich wär' erlöst!

Der Ausgräber

Was ist das für ein unentwegter Reiz,
verborg'ne Dinge aus dem Erdenschoße
erneut ans Licht zu heben?
Ist es das rätselhafte große
Verlangen, daß des Todes Geiz,

der alles Gut
samt Fleisch und Blut
in seiner schwarzen Truhe hüllt,
entrissen werde, was das Leben
der Menschen, wenn auch kurz, erfüllt?
Ist es die alte Gier
nach fremder Zier,
die Dir die Hände feuchtet,
Dir aus den Augen leuchtet,
wenn Dir das Funkeln
eines bunten Steines
wie aus dem Dunkeln
eines Totenschreines
in die Helle bricht,
wenn Dir ein ird'ner Scherben
vor die Hände fällt?
Du weißt es nicht
und gräbst doch fort,
als gelte es zu erben,
was die Erde von der Ahnen Hort
so geizig Dir
als einzig ihr
gehörig vorenthält?
Ist's das Entzücken,
daß nach dem oft erlebten Male
des enttäuschten Grabens
am Ende aus den vielen Stücken
die eine lang gesuchte Schale
als Zeugin ewigen Bewahrens, steten Habens,
von Dir geborgen, neu gefügt,
den Richterspruch der Zeit
um der Vergänglichkeit
Gesetz betrügt?
Es ist, als ob Du Recht Dir gäbst,
Gewesenem sein Wesen neu zu geben.
Ist Dir in des Entdeckens Lust
bei jedem neuen Fund bewußt,
daß Dir vielleicht,
Dein eig'nes Jetzt im Licht zu leben,
nicht erreicht,
da Du es in das dunkle Einst begräbst?

Im Herbst

Wenn sich die Nebel schleunen,
von allzu engen Zäunen
aus grauen Weidenzweigen
befreit, hinaufzusteigen
in rascher Winde Spiel,

wenn müd die Blätter fallen,
wenn keine mehr von allen
Herbstblumen weiterblühen
und letztes Farbenglühen
in Nichts verlöschen will,

wenn von des Herbstes Leiden
des Sommers Freuden scheiden,
dann laß beim Blättertreiben
mich Dir zu eigen bleiben,
vor Glück beseligt still!

Gehen - geschehen

Es ist kein Weg, den ich zu Dir nicht ging,
und kein Gedanke, den ich nicht gesonnen
an Dich, und nichts um Dich ist so gering,
das ich nicht hab' von Herzen liebgewonnen.

Was ist es, das die Dinge mir verwirrt,
das mich betört, auf falschem Weg zu gehen,
und will, daß fort von Dir mein Denken irrt?
Mein Lieben stirbt, wenn's ihm von Dir geschehen.

Wandel

Spürst Du nicht, wie an kaum begangnen Wegen
des Herbstes Frucht zur Ernte früher reift,
wie jedes Ding, das sonst so nah zugegen
dem anderen, sich ihm so leis entgreift,
als könnte ihm der Wandel nur gelingen,
den es, allein sich zugewandt, durchbebt?
Spürst Du, wie unsre Hände sich entringen,
wie Seele sich von Seele still enthebt
zu ihren eig'nen lang entbehrten Dingen?
Kaum daß Du's spürst, hast Du Dich überlebt.

Wind

Es raunt der Wind:
„Sie liebt Dich nicht!",
am Platz, wo wir uns küßten.
Die Luft, das Licht,
sie alle sind
mir fremd, als ob sie wüßten,
wie leicht ein Ringlein bricht.

Ich schrei' im Wind:
„Sie liebet mich!";
am Platz, wo wir uns fanden,
da stehe ich,
vor Tränen blind,
komm' selbst mir ganz abhanden
und suche Dich, nur Dich.

Wo warst Du

Wo warst Du,
als nach Dir mein Sehnen ging,
als meine Seele Dich voll Bangen suchte,
als ich vor Schmerz der Sonne Licht verfluchte,
als mich die grause Einsamkeit umfing,
wo warst Du da?

Wo warst Du,
als das Leid im Herzen fraß,
als mich die Welt mit herbem Spott bedeckte,
als weder Tag noch Nacht mir Hoffnung weckte,
als ich vom Gram um Dich nicht mehr genas,
wo warst Du da?

Wo bist Du,
da nach Dir mein Sehnen geht
des Weges, den in Treue ich gegangen,
als könnte Deine Liebe ich erlangen,
bleibt Deine Spur auf ewig mir verweht?
Komm und sei da!

Nur Dein

Ein kleines Reis
so zart und leis
ist Dir am Weg erblühet
die Liebe mein
und will allein,
daß treu und rein
die Seele Dir erglühet.

Nimm über Nacht
das Reis in acht
bis in den jungen Morgen,
heg' ohne Plag
es über Tag,
da es Dich mag,
am Herzen Dir geborgen!

Du, Liebste.

Es halten meiner Liebe zartes Reis,
so still nur Dir entfaltet, Deine Hände.
Gibst Du es nicht des Herzens Kälte preis,
wird es getreu Dir blühen ohne Ende.

Wiederkehr?

Einsam liegen jetzt die Gassen,
wo mit ihr ich ging.
Doch sie hat mich schon verlassen
eh' der Herbst anfing.

Trauer schattet auf den Wegen,
wo zur Sommerzeit
wir im Blütenbett gelegen,
voller Seligkeit.

Wehmut enget mir die Pfade,
wo mir einst gelacht
eine Maid, die ohne Gnade
ging vor Winternacht.

Bringt auf Gassen, Pfaden, Wegen
Frühlings Wiederkehr,
die am Herzen mir gelegen
mir für immer her?

Mit Dir

Dem Lärme taub,
dem Scheine blind,
fühl' ich das Laub
im Herbsteswind
verwelken und verwehen.

Wenn dergestalt
der Tod beginnt
und ohne Halt
das Sein zerrinnt,
was kann da noch bestehen?

Doch wenn Du spürst,
daß ich Dir gut,
und Du mich führst,
will ich voll Mut
mir Dir auf ewig gehen.

Schuld und Sühne

Wie soll ich je verwinden,
daß Du nicht bist,
wie meine Seele will?
Und wüßtest Du zu finden
so fromme List,
trüg sie's beruhigt still?

Willst Du mit Trug verschonen
von Wahrheit mich,
daß jung gefehlt Du hast?
Wie kann da Liebe lohnen,
daß frei Du bist
gelöst von dieser Last?

Wie könnte je ich heben
zum Wurf den Stein
in Hochmuts Ungeduld?
In Liebe Dir zu geben
mein ganzes Sein,
ist meiner Seele Schuld.

Ridendo flere - Lachend weinen

Du kamst am Morgen,
als ich einsam stand,
nicht spät genug,
daß Dir verborgen
blieb, was ich empfand
und unter Lächeln trug.

Du sollst mein Weinen
nie des Tages sehn.
Kämst du zur Nacht,
Du solltest weinen,
nichts wär sonst geschehn,
als daß ich leis gelacht.

Das Ziel

Ob eines festen Zieles
mir bewußt,
ob auf der Flucht,
sah ich wohl vieles
am Weg voll Lust,
doch hab' gesucht,
wie einen Meilenstein,
der mir zum Halt
und Ziele ward,
ich Dich allein
und fand Dich kalt
und auch so hart
wie jenen Stein.

Herbstschatten

Des Herbstes Schatten
wachsen fort und fort.
In merklichem Ermatten
stirbt verdorrt,
was gestern noch
sich wandte sonnenwärts,
am Lichte sich zu satten.
Gewahr' es doch:
Des Herbstes Schatten
wachsen Dir ins Herz!

Das Lied der Nachtigall

Ich wußte lange nicht,
zum wem so leise spricht
das Klagen
der Nachtigall.

Nun muß ich lange schon
bei ihrem Klageton
ertragen
den Widerhall.

Du und ich,
er und sie

Gehst Du zu ihm
wie ich zu ihr,
ist das nicht schlimm,
noch Grund sich zu empören.

Kommst du von ihm
wie ich von Dir,
dann fühl' ich Grimm,
weil wir uns ganz gehören.

Der Schmerz des Abschieds

Noch niemals zog gespannter,
schwarz wie des Arkus' Schlund,
mit Blicken wie die Sonne sengend
vor Gier, ein Panther
und so verhalten leise,
allmählich engend,
seine Todeskreise
so um sein Opfer und
schon fast ob dieser Weise
befremdet, daß zu jäh
es, unter seinem Prankenschlag gestürzt,
im Schwefelgelb der Augen säh',
daß ihm der Tod die Angst verkürzt,
wie jetzt um meiner Seele
der Schmerz des Abschieds dräut
und, wachsend scharf,
so seltsam eingescheut
viel sachter, als das Tier
sein Opfer war,
ganz ohne Fehle
des Wehetuns gewiß,
fast sonder Gier
und, wenn nicht eher,
doch endlos weher
sie tötet als des Panthers Biß.

Der Liebe Los

Einst über alle Maßen reich,
steht meine Liebe
am Wegesrand,
dem Bettelweibe gleich,
das, von des Volks Geschiebe
ins Schattenloch verbannt,
den ganzen Kopf vermummt
dem blanken Hohn,
vor seiner Klagewand
aus Gram verstummt,
nicht kreischt,
wenn seine welke Hand,
entblößt,
des Mitleids Lohn
erheischt.
Doch, leicht gelöst,
gehst unverwandt
Du stolz davon.

Eins

Was and'res heißet meine
Dir willig nahe Seele
noch zu säumen
als jener scheele
Urgötterneid,
in Deine
sich hineinzuträumen
hinweg vom Leid
des Ausgestoßenseins
aus ihrem Paradies?
Erlöse meine
aus dem Verlies
in Deine
und mach' sie eins!

In Liebe

Ich habe Dich geliebt
wie einer,
der ganz sich gibt.
Du aber spottest meiner
und auch des hohen Worts,
vielleicht, weil Du
ob meiner Treue
des schon zu üblichen Rapports,
den ich erneue,
in Deiner Ruh
zu tief entsetzt.
Vergib!
Ich hab Dich lieb,
noch jetzt!

Hoffen

Noch ist des Winters Schwärze
nicht anzusehn,
was ihr im Frühlingsmärze
bald wird geschehn.

So ist des Herzens Schwärze
schon anzusehn,
daß sie mit allem Schmerze
bald wird vergehn.

Schon hebt ein neues Weben
und Hoffen an,
die Liebe zu erleben,
die still begann.

Einzig Dich

Von allem, was mir blieb
auf Erden, habe ich
von Herzen nichts so lieb
wie einzig Dich,
geliebtes Wesen.

Ach, öffne Dich und gib,
daß ich im Buche
Deiner Seele suche,
und laß mich lesen,
Du hast mich lieb!

An die Nacht

O Nacht, wie tief, wie tief ist doch dein Schweigen,
wenn heimlich sich der Mond herüberwiegt,
ihn all' die Sterne silberlicht umreigen
und sich das Land in deine stillen Arme
schmiegt!

O Nacht, so komm' und ende all' mein Bangen,
das um die Liebste mir den Tag gebracht,
und stille meiner Seele das Verlangen,
erfüllt von ihr zu träumen, ewig unerwacht!

Glühe, Feuer, glühe

Glühe, Feuer, glühe mir die Hände ab,
da sie mir verwehrt, daß ich berührt sie hab'!

Glühe, Feuer, glühe mir die Augen aus,
da sie mir verwischt den Weg zu ihrem Haus!

Glühe, Feuer, glühe mir die Lippen fort,
da sie mir verlachte meiner Liebe Wort!

Glühe, Feuer, glühe mir das Herze tot,
da sie meine heil'ge Liebe mir verbot!

Der Gang ...

Der Gang, den heut ich ging,
war endlos schwer.
Des Weges Zehr
war ein Gedanke nur,
dem nach ich hing,
ob Deiner Schritte Spur
noch sichtbar wär,
noch hörbar mir Dein Mund
beim Gruß zur Abschiedsstund.
Ich fand nichts mehr ...

Fragen - ertragen

Was soll sich fragen noch
nach andern Dingen,
da Du doch bist?

Gleichwohl so frag ich doch,
ob darf gelingen,
was anders ist.

Bist Du nicht wahrhaft mein,
mußt Du es sagen,
damit ich weiß

des Herzens große Pein
als Mensch zu tragen
in Gottes Preis.

Stirb und büße

Von „Stirb und büße!"
weh umgellt,
war meine Liebe
heineingestellt
in alle Finsternis
und Todeswahn.

Nun ist all' Süße
dieser Welt
von Deiner Liebe,
die mich umhellt,
in alle Bitternis
hineingetan.

Wenn ...

Wenn Du mit Deinen Händen
gäbst meinen festen Halt,

wenn Deine Augen fänden
die meinen, die so alt,

wenn Deine Lippen brännten
die meinen, die so kalt,

gäb' Gott, daß wir uns bänden
mit liebender Gewalt.

„Ich liebe Dich"

Wenn mir ein grausames Geschick
bestimmte, taub zu sein
und zu erblinden,
nicht mehr mit frohem Blick
für des Geschehens Lauf
im Sonnenschein
den Weg ringsum
ließ' finden,
und wäre ich
auch stumm,
so brächen
mir die Lippen auf
und sprächen:
„Ich liebe Dich".

Der Friedhofbagger

Der Bagger kam
erst zäh
und ungelenk und lahm,
den steifen Arm zu strecken
mit seinem zahnbewehrten Maul,
dann aber nahm
er jäh
und gierig ohne Scham,
als tät's ihm gütlich schmecken,
aus der herausgefress'nen Kaul
im dunklen Leib
der Mutter Erde
sich Stück um Stück,
daß er gesättigt werde,
um einer toten Mutter Leib
nach den Gebärens Weh und Glück
den letzten Platz
in dem Jahrtausendbett
zu schaffen.
Da wehrt der Mutter Sohn
den allzu säumigen Verbleib
am Grab sein junger Schatz
und lockt ihn ungeniert kokett
und lebensheiß
vom Grabe fort
zu ihrem reifen Leib.
Der Bagger aber weiß,
wann wieder seine Kiefer klaffen,
und kennt bereits den Ort,
wohin er Mann
samt Kind und Weib
wird irgenwann
entraffen.

Geheilt

Ich litt in meinem Wachen,
meinem Schlafen,
als läge ohne Sichbezähmen
und ohne Scheu und Scham
sie einem anderen im Arm,

bis sie mit ihrem Lachen
mich zu strafen,
mit ihrem Weinen zu beschämen
und mich zu heilen kam
mit Liebe von des Zweifels Harm.

So wundersam

Wie es wohl kam,
daß sie, von der ich glaubte,
daß mich ihr Herz betrog,
bevor der Tod mich raubte,
unsagbar sanft in ihre Arme nahm
und jenem süßen Sog
des Abgrunds mich entzog
so wundersam?

Du, meine Sonne

Die Sonne läßt ihr Leuchten nicht ermatten,
wenn eine Blume ihr das bangende Gesicht
still öffnet, um, erwärmt von ihrem Lebenslicht,
zu wagen ein Erblühn aus dunklem Schatten.

Wie dieser Bund von Ewigkeit besiegelt,
daß sich die Blüte wonnig nährt vom Sonnenlicht
und dankbar dieses Leuchten widerspiegelt,
laß, Liebste Du, auch mich vergeht im Schatten
nicht!

Wort ohne Antwort

Wie hat der Wind
verschämt gewagt,
so oft und so geschwind,
wie es mein Herz gesagt,
das Wort zu ihr zu tragen,
daß ich sie liebe!

Wem sei geklagt,
daß ihrem Mund
es niemals noch behagt
zu keines Tages Stund
und keiner Nacht zu sagen,
daß treu sie bliebe?

Blumen des Jahres

Ich habe Dir
des Frühlings gelbe Primeln
als Schlüssel mir
zum schönsten aller Himmeln
ans Herz gebracht.

Ich hab' gepflückt
des Sommers rote Rosen,
doch statt entzückt
zum Dank mich zu liebkosen,
hast Du gelacht.

Des Herbstes Glanz,
der Astern bunte Sterne,
verschmähte ganz
Dein Blick in weite Ferne,
ihm zugedacht.

Erblühen leis
Eisblumen an den Scheiben,
weil jede weiß,
daß Dir mein Nahesein
den Schlaf bewacht.

In Ewigkeit

Ein Blümlein schlief
im Waldesgrund
so ganz versteckt.
Als Knabe lief
ich jede Stund'
ins Maiengrün,
doch, kaum entdeckt,
ließ ich's verblühn.

Die Liebe schuf
im Herzensgrund
mir unentdeckt.
Ein Mägdlein rief
und gleicher Stund'
ist es geschehn,
daß sie erweckt
nach ihm muß gehn.

Ihr Wurzeln tief
im Herzensgrund
fühl ich als Mann.
Dich, die sie rief,
ich keine Stund'
in Freud und Leid
mehr lassen kann
in Ewigkeit.

Dein

Die Schmerzen all,
die mir das Herz zerspellten,
die ich verspürt
um Dich, die Qual,
sie gehn dahin.

Doch daß nur Du
der schönsten aller Welten
mich zugeführt,
gab mir die Ruh',
war Lebenssinn.

Laß mein Dich sein
und liebend Dir entgelten,
daß Du berührt
die Seele mein
und Dein ich bin!

Nie

Hast Du mein Lachen nicht gewollt,
der Liebe Eingestehen,
dann hättest Du auch nie gesollt
um Dich mein Weinen sehen.

So will ich wenigstens als Mann
ertragen ohne Zähren,
daß sich die Frau in Dir nie kann
solch einem Mann gewähren.

Verachte mich, doch zweif'le nie
an meiner Liebe Werben!
Eh' ich im Leben das verzieh,
woll' ich vergessen sterben!

Unauflöslich

Wenn Dir der Abendwind
von einem Tag erzählt,
den ich Dir fern verbracht,
so glaub' ihm nicht!

Denn unauflöslich sind
vom Himmel wir vermählt,
daß keine Erdenmacht
die Liebe bricht.

Einst und jetzt

Es war nicht mehr
als letzter Gruß und Kuß
all' mein Begehr,
nicht Treueschwur und Ring.

Jetzt quält mich schwer,
daß ich erkennen muß,
wie allzusehr
mein Herz an Fremdem hing.

Wär' mein Begehr
jetzt mehr als Gruß und Kuß,
gab sie es her,
da gleichen Wegs sie ging?

Vermählt

Wenn Dir der Abendwind
von einem Tag erzählt,
den ich getrennt von Dir verbracht,
so glaub' ihm nicht!

Fragt Dich der Morgenwind,
wen ich mir auserwählt
zur Herzensliebsten einer Nacht
aus Scheu vorm Licht,

so sage ihm: „Wir sind
vom Himmel uns vermählt,
daß uns're Liebe keine Macht
auf Erden bricht."

Der andere

Du sagst, Du liebest mich herzenswarm,
dann laß den andern aus Deinem Arm!

Du sagst, Du liebest mich Tag und Stund,
dann weis' den andern von Deinem Mund!

Du sagst, Du liebest mich voller Lust,
dann dräng' den andern von Deiner Brust!

Du sagst, Du liebest mich grenzenlos,
dann stoß' den andern aus Deinem Schoß!

Du sagst, Du liebest mich ganz allein,
dann laß der and're mich endlich sein!

Das eine Wort

Von allen Worten
erreget eines meinen Haß
allein schon dadurch, daß
man allerorten
und beliebig oft
es ungeschieden dort
im Munde führt,
wo es verfehlt
nach Sinn und Zeit und Ort,
wo es nicht alles gibt,
was sich der Mensch erhofft,
was ihm das Herz berührt,
was ihn beseelt,
das nackte, bloße,
das tiefenlose
eine Wort
„verliebt".
In Deiner Seele aber töne
auf eine wundersame Weise
verhalten,
leise,
sacht, -
ach, daß es voller Schöne
immerfort,
nur Dir
von mir
kaum sagbar zugedacht,
erhalten
bliebe! -
das eine Wort
„Liebe"!

Mein Herz

Ich habe keine Bleibe,
bin krank und arm.
Wie ich, von Dir verlassen,
durch die Fremde treibe,
irrt durch die leeren Gassen
meiner Seele ein bitt'rer Harm.

Mein Hoffen, Streben,
all mein Träumen,
sie folgen wie ein Vogelschwarm
den Wolken himmelwärts.
Nur einen Schatz
vermag ich Dir zu geben,
als wärmsten Platz
für immer einzuräumen
mein ganzes Herz.

Psychotherapie

Um zu ertragen,
daß er Dir nahe ist,
muß ich mich mit dem Bilde plagen,
daß er Dich herzt und küßt.

Um zu ertragen,
daß er Dich herzt und küßt,
muß ich mich mit dem Bilde plagen,
daß Du sein Eigen bist.

Um zu ertragen,
daß Du sein Eigen bist,
will ich den Tod im Feuer wagen,
das alle Bilder frißt.
[oder:
muß mich der Feuertod zernagen,
der auch die Bilder frißt].

Blind

Wohl spürt mein Herz, wie sonnig licht
und wonnig warm Dein Bild erscheint,
wie Dir im Wind die Haare wehn;

doch kann Dein holdes Angesicht,
weil ich um Dich mich blind geweint,
in meiner Nacht ich nicht mehr sehn.

Ich gäb' den Himmel in Verzicht,
könnt einmal noch, mir Dir vereint,
ich Hand in Hand auf Erden gehn.

Das Dunkle

Des Himmels ist die wolkenlose Klarheit,
die arglos sanft in Deinen Augen wohnt.
Wann aber wird mein Suchen nach der Wahrheit,
die Liebe heißt, von Deinem Blick belohnt?

In Deiner Seele Tiefen will ich dringen
und schauen, welche Macht so wundersam,
daß meiner Seele Saiten widerschwingen,
mich, dem die Liebe fremd geworden, überkam.

In Deinen Augen aber sehe ich gespiegelt
mich selbst, verzweifelt, ob Du je verstehst,
daß Deiner Seele Pforte mir versiegelt
das Dunkle, das in meiner Seele west.

Verwelkt

Ich seh' der letzten Rose
unsagbar stilles Trauern
durch ihre bald schon lose,
verwelkte Blüte schauern
und ahne, daß wir beide
an uns'rer Tage Scheide
den Herbst nicht überdauern.

Nie mehr

Ich warte lang,
in Herzens Drang
die Arme auszubreiten,
da seh' ich bang
den Weg entlang
sie still vorüberschreiten
und fühl' entseelt
und spür' entleibt,
daß ich verfehlt,
die nie mehr bleibt,
in alle Ewigkeiten.

Der „Kluge" und die „Fromme"
(Die fromme Lügnerin)

Sie kommt von ihm
noch heißen Munds
von seinem Kuß
und findet schlimm,
daß solchen Grunds
ich leiden muß,
sagt lockend: „Komm!",
doch klüger bin
ich kaum als fromm
die Lügnerin.

In Dir

Der letzten Tage
Holdseligkeit
sei ewig mir genug,
da Sie mit Dir geteilt!
Was soll die Klage,
daß sie der Neid
der Götter nicht ertrug?
Ich hab' in Dir verweilt!

Seligkeit

Schenk mir nur eine Nacht
der tausend Seligkeiten
und tausend Nächte
einer Seligkeit,
aus der erwacht,
in alle Ewigkeiten
ich Deiner lieblichen Gestalt,
wärst Du auch ewig weit,
in Seeleninnigkeit
und unbereut
gedächte!
Ach, schenk sie bald,
schenk sie mir heut!

Träumerei

Von seinen Armen
sah ich Dich umschlungen
in einer lauen Nacht.
Zum Gotterbarmen
hat das Herz durchdrungen
mein eigner Schrei,
bei dem ich aufgewacht.
Wär's einerlei,
ich hätte ihn verlacht,
der sich vergaß
in Schelmerei,
mein Glück zu stören,
der sich vermaß,
Dir zu gehören?
O Träumerei,
wen zu betören?

Dein Angesicht

Wie soll mein Herz die Sonne nicht,
den Wind auf Deinem Angesicht
um Glanz und Hauch beneiden?

Doch daß ein Schatten es umwebt
und sich um es ein Sturm erhebt,
wie soll mein Herz dies leiden?

Ach, Liebste, birg Dein Angesicht
im Herzen mein und laß' es nicht
je wieder von ihm scheiden!

Dennoch

Daß Du mir fehlest,
verspüre ich längst,
daß Du mich quälest,
das Herz mir engst,
ich trage es noch.

Des Mundes Herbe
mich grausam verstieß;
selbst wenn ich sterbe,
die mich verließ,
Dich liebe ich doch.

Für Dich und ihn

Ich wollte Dich tragen,
der Süße gewiß:
Du hast mich geschlagen
mit Bitternis.

Ich wollt' Dich liebkosen
so zärtlich, so rein:
Du hast mich verstoßen
in Herzenspein.

Du hast mich getreten
in lieblosem Sinn:
Ich will für Dich beten
und auch für ihn.

Tausend Bitten

Ich weiß dem Wind nichts mehr an Dich zu sagen,
der Sonne nichts und nichts dem Monde mehr,
was Du nicht längst gehört. Doch wär im Sternenmeer
ein Sternlein noch, das Dir nicht zugetragen
des Herzens Wort und meiner Seele Lied,
welch' Freude mir, welch' Leid um Dich geschieht,
ich würde es mit tausend Bitten plagen,
daß unstillbare Sehnsucht mich nach Dir beseelt,
des Nachts mit ihrem Licht Dir leis zu klagen,
und, ach, wie sehr mir Deine Liebe fehlt.

Sang und Widerklang

Wie jubelte mein Herz, wenn seinem Spiel
nur einmal Deinem Herzen noch zu lauschen,
mit meinen Augen Deinen noch zu tauschen,
nur einen liebevollen Blick gefiel!
Ach, fände meiner Liebe süßer Sang,
um Deine Liebe werbend Dir gesungen,
eh' ungehört er in das Nichts verklungen,
in Deinem Herzen endlos Widerklang.

Mit Dir

Böten mir, als Freund zu Gast geladen,
selbst die Götter im Olympos einen Platz
und dazu als höchste aller Gnaden
Reichtum, größer als des Kroisos' Schatz,
gönnten mir am langen Lebensfaden
aus der Parzen Hand mein ganzes Glück
gegen allen Leibes und der Seele Schaden,
wünschte ich nur eines mir zurück:
Dich noch einmal auf vertrauten Pfaden
Blick in Blick mit mir und Hand in Hand
wandelnd durch ein Blütenmeer zu sehen,
in der Seelen still ersehntes Land
untrennbar verbunden einzugehen,
wo ich Dich in meinen Träumen fand.

Werben und Herben

Was anders ist,
Gebliebte Du,
um Dich zu werben
als immerzu
an Dir zu sterben,
da Du es bist,
die mich betört?
Doch will ich
eher sterben
als nicht um Dich
zu werben
bleib' ich
auch unerhört.

Du Seelenbraut

Wär' ich doch nie ins Leid geboren
und hätte niemals Dich gekannt!
Warum bin ich an Dich verloren,
warum hat Dich mein Herz erkoren,
warum sich nicht von Dir verbannt,
warum bin ich Dir nah geblieben,
der ich mißtraut'?

In Dich bin ich hineingeboren,
als hätt' ich ewig Dich gekannt.
Ich hätte mich ans Nichts verloren,
hätt' Dich mein Herz nicht auserkoren
und sich nicht von sich selbst verbannt,
um Dich allein getreu zu lieben,
Du Seelenbraut.

Rosenhag der Liebe

Seit ich in einer Rosenblume
erschaut Dein liebliches Gesicht,
sei Dir mein Herz die Lebenskrume,
wo sie erblüht im Sonennlicht!

Es will sie hegen, lieb umzarten,
bis es einst undurchdringbar dicht
wie in des Märchens Zaubergarten
der Liebe Rosenhag umflicht.

Wie anders?

Ich selber habe es gewollt,
daß ich mich Dir
nicht anders
als ein Opfertier
auf dem Altare unsrer Liebe weihe.
Wie anders
hätte es da sein gesollt,
als daß ich blutend schreie?

Schuld

Mit welcher Zärtlichkeit,
mit welchem Herzeleid,
Dich mein zu nennen,
fängt Liebe an?

Mit welchem Treueeid
beginnt für Dich die Zeit,
mich zu erkennen
als Deinen Mann?

Was ist's , was Du verschweigst,
wer ist's, dem Du Dich neigst,
ihm zu verschenken
des Herzens Huld?

Gibst Du es niemals preis,
weil ich zu falsch mich weiß,
um zu gedenken
der gleichen Schuld?

Wie Nausikaa

Du siehst mich an
mit großen Augen wie Nausikaa
an ihrer Insel abgeleg'nem Strand
den vielverschlag'nen Mann,
dem zwei Jahrzehnte fern
der lieben Heimat Ithaka
ins Nichts zerronnen,
und gäbest vielleicht gern
mir Deine junge Hand
wie jene jenem, machte nicht die böse
Nachrede Dich besonnen,
mir zu verweigern ersten Kuß
und unberührten Schoß,
und auch Dein Blick
auf meiner Seele Blöße,
nicht minder das Geschick,
daß ruhelos
ich ewig irren muß.

Warum?

Warum,
so frag' ich Dich,
warum
nur hast Du mich
in dieses Leben
an der verhaßten Sonne Licht
so stark zurückgerufen,
um jetzt mir nicht
erneute Zuversicht
und Wärme nicht zu geben,
und läßt mich vor den Stufen
des Herzens in der Kälte,
vor Schmerzen krumm
und auch in Bälde
schon wieder totenstumm,
da liegen,
statt mich im Arm
so sacht
zu wiegen,
so warm
zu halten,
geborgen vor der kalten,
unendlich langen Nacht,
und mich
in Dich
hineinzuschmiegen
als Dein Eigentum?
Warum
läßt Du mich liegen,
Warum?

Allerseelen

Es ist so anders jetzt auf jenen
vertrauten Wegen unser Gehn,
als ob bewußter wir im Sehnen
nach Leben auch den Tod verstehn.

Zypressen schaudern schwarz im Winde;
mit Asternweiß und Rosenrot
sind sie ein deutendes Gebinde
von Werden und Vergehn im Tod.

Die Glocke schlägt so seltsam leise,
als scheue sie, mit lautem Ton
statt trauervoll verhaltner Weise
zu mahnen an den Abschied schon.

Die Weide schattet auf der Erde
des Grabes um der Kerzen weiß
und in ersterbender Gebärde
rauscht sie ihr „Kyrie eleis'."

Die leere Seite auf dem Steine,
bald düsterhell, bald rauchverweht,
gemahnt, daß einst im Kerzenscheine
still lesbar auch Dein Name steht.

Heimkehr?

Du machst mich an mir selber irr
mit Deines Zweifels schweren Fragen
wie an Odysseus einst Penelopeia,
nachdem der Waffen schauriges Geklirr
im Männersaale vor der Nacht verstummt,
als könnte sie, die Frau und Königin,
es nicht so leicht ertragen
wie jene greise Eurykleia,
einst seine Amme,
dann ihre Dienerin,
sie hatte ihn, ja, ihn
vor ihr erkannt
an einer alten Narbenschramme,
an eines Ebers tiefer Hauerspur,
daß er, beim Ares, er,
so arg vermummt,
so ungestalt,
so bettlerhaft,
anstatt auf jenem Wagen,
wohlbespannt,
mit Gold ringsum beschlagen
und beuteschwer
auf dem gewöhnlich er
bis vor die Halle fuhr,
von Glanz umstrahlt,
voll Manneskraft,
vom Volk geehrt,
den Göttern lieb,
nach Ewigkeiten wieder ihr,
die trotz der Freier Drängen
doch treu ihm blieb,
auf rasch durchhuschten Gängen
wie in der Nacht ein Dieb,
erhofft, ersehnt zurückgekehrt
wie ich zu Dir,
doch mit des Unterschiedes
vermehrter Schwere,
daß an des alten Liedes
erwartet letzter Wende
zum Guten hin
und also zu des Königs wie des Mannes Ehre
sein längst von ihr
zu hart gemartertes Gedächtnis
an ihres Bettes Sonderheit
als das Vermächtnis
der über alle Trennungszeit
getreu bewahrten Liebe
und ihres Daseins Sinn
das heißersehnte Ende
all seiner Leiden fand.
Ich aber, dem Dein Bett so unbekannt
wie Dir die mir geschlag'ne Wunde,
kam Dir zurück,
von Dir verbannt,
und warte auf ein Wort
aus Deinem Munde
und suche, ob ein Ort
mir endlich bliebe
für ein seit Ewigkeiten schon
entbehrtes Glück
und sei's allein
gleich Argo, des Odysseus treuem,
schon todesschwachem Hunde,
zu des Entsagens Lohn,
als lebte ich von neuem,
für eine letzte Stunde
bei Dir zu sein.

Gesucht! Gefunden?

Ich habe Dich gesucht
und dabei mich gefunden
als den, der von der Mutter einst verflucht
wie jetzt von Dir geschunden
auf Blut
und Pein.

Hätt' ich doch mich gesucht
und dabei Dich gefunden!
Ob auch noch da die Mutter mich verflucht,
der sich um Dich geschunden,
Dir gut
zu sein?

Mein Sonnenlicht

Wie oft hab' ich als meine, meine Sonne,
die mir nach dunklen Tagen
so mildem Lichtes wieder scheint,
Dich zart verehrt!
Wie oft soll ich es aber noch ertragen,
wenn auch ein andrer meint,
daß er zu Recht nach all' der Wonne
so holden Lichts und sanfter Wärme
wie ich begehrt?
Du aber spürst es nicht,
wie ich im Innersten mich härme,
wie sich mein Herz um Dich zerweint,
wie meine Seele sich nach Deinem Licht
so ganz verzehrt.

Kuß, Reim und Bett

Wär mir ein Haus
gar wohlvertraut,
zög ich hinaus,
trüg eine Braut
auf Händen heim.

Fehlt' Hab und Gut
auch immer mir,
hätt' ich doch Mut
und schenkte ihr
bald Kuß, bald Reim.

Bräch' sie ihr Wort,
nicht satt, nicht nett
und lief mir fort,
ein Ende hätt'
Kuß, Reim und Bett.

Blühen und Glühen

Aus leisem Blühen
wächst reif die Frucht hervor,
aus heißem Glühen
loht Feuer hoch empor,
wenn man es schürt.

Der Blick ins Feuer,
der Schritt in seine Näh'
zum Abenteuer
hat oft das Herz mir jäh
und heiß verführt.

Seit ich Dich kenne
und um die Liebe weiß,
ich stiller brenne,
weil mich Dein Blühen leis
und sanft berührt.

Der Quell

Fänd' ich den Quell,
um zu vergessen,
daß Du gewesen
mein Mägdelein,
wie tränk' ich schnell!

Ich fand den Quell.
Dich nie zu missen
und Dich zu wissen
auf ewig mein,
wie trank ich schnell!

Wie ganz anders

Wenn heimatlos
die wild bewegte Schar
von Nebelkrähen, schwarzen Staren
in leeren Furchen späht
zu ernten, was sie nicht gesät,
und in den Wolken lärmt,
da fühl' ich selbst mich leer und bloß
und wie ganz anders es doch war,
als Du in Deinem weichen Schoß
mich hast gewärmt
und eins wir waren.

Zu schwach zu halten

Du hast nicht einmal mich gefragt,
warum ich nicht mit beiden Armen
vermocht' Dich festzuhalten,
selbst wenn ich dabei auseinanderbräche,
und hast mich spöttisch angeklagt
verlachenswerter Mannesschwäche
und bist eilfertig dann
ohne Erbarmen,
doch dergestalten
gefesselt und gefangen
von jenem Mann,
zu ihm gegangen,
der Dich, wie Du frohlocktest, lang begehrt.
Hätte die Liebe mich zu schweigen
um jeden Preis gelehrt,
verschwiege ich beschämt,
daß ich, gleichwohl Dir ganz zu eigen,
Dich festzuhalten halb gelähmt,
Dir eines Armes Kraft nur zugekehrt,
derweilen ihm der andere gewehrt.

Dahin

Ich tat ein Mägdelein herzen
ein' blühenden Sommer lang,
bis daß mit Weinen und Scherzen
die Liebe ins Herz mir drang.

Da tat die Treue sie brechen
um andere Liebelei,
das Ringlein und ihr Versprechen,
die brachen zusamt entzwei.

Was soll ich jetzt noch hienieden
von jener so ganz entzweit?
Dahin sind Seele und Frieden
und alle Holdseligkeit.

Wachen und Träumen

Ich wache mich
des Tags in Dich
und Deinen süßen Leib,
auf daß ich als Dein Mann
vor dräuenden Gefahren
Dich, mein geliebtes Weib,
in Liebe treu bewahren
und schützen kann.

Ich träume mich
des Nachts in Dich
und Deine Seele ein,
auf daß dort lebt und leibt
all Sehnen mein und Sinnen
und einzig Dir allein
getreulich tief da drinnen
die Liebe bleibt.

Laß es geschehn!

Herr, schone mich
vor Deinem Feuerbraus!
Ich ehre Dich,
so speie mich
aus Deinem Mund
nicht aus,
als sei ich lau!
Du weißt,
daß meine Seele wund
und alle ihr Sehnen
so heilig stet
nach einer Frau
nur geht
und mich inständig heißt,
doch jenen
unsagbar schweren
und doch so schönen,
so guten Weg mit ihr
zu Dir zu gehn.
Herr, wolle mir
doch dies gewähren:
Laß es geschehn!

Liebende

Liebende fühlen es bang,
Liebende wissen schon lang
es voraus,
ehe sein letzter Strauß
noch in der Nacht,
da sie vereint,
traurig verdorrt,
eh' noch bedacht
sein letztes Wort,
eh' noch beweint,
daß er nicht blieb
über das eine Jahr
am trauten Ort,
wo sie so lieb
zu ihm war.

Vorbei

War's Liebelei,
als Du an meiner Seite gingst,
und einerlei,
ob ihm, ob mir am Mund Du hingst?
Wie dem auch sei,
daß jetzt Du ihm anhängst,
das steh' Dir frei,
mich Dir vom Herzen drängst,
sei einerlei
und längst
vorbei ...
(Ach, Herz, auch wenn dabei
du mir zersprängst.)

Die Dinge und die Zeit

Es hört erstaunt:
„Der Dinge Unabdinglichkeit
bedingt die große Dringlichkeit.
Bleib gut gelaunt!
Doch ich muß gehn,
der Weg ist weit
und kurz die Zeit,
du mußt verstehn!"
Da tut's ihr leid,
sie will ihn verstehn:
Gar viele Dinge sind geschehn
in all der Zeit,
jahraus, jahrein,
vom Morgen bis zum Abendrot.
Die Leute stehn
beim Glockenton,
doch einer sagt's und geht davon:
„Den Weg zu gehn,
spar dir die Zeit!
Es dunkelt schon
und ist zu weit,
ihn noch zu sehn
in seinem Schein
allein
und tot."

Um Deinetwillen

Seit ich um Deine Liebe weiß,
um Deiner Seele Pein,
geh' ich, Du mein
geliebtes Weib,
auch Deinen Leib
um nichts mehr preis,
sollt auch der meine
er niemals sein;
doch ehe ich Dich lasse,
will kriechen ich auf wunden Knien,
von aller Welt
Geschrei umgellt,
vor ihrem Hasse
gequält, gespien,
den Kreuzweg nach Kalvarien,
zermartern auch den Sinn,
mich zu erweichen,
Dreigroschenoper - Arien
mit all den gleichen
erbärmlichen Szenarien;
wenn meinem Geist ich Dir befehle
und, ihren Durst nach Dir zu stillen,
sich meine Seele
in Deine Hände gibt,
so nimm sie hin,
weil ich um Deinetwillen
gekreuzigt bin
und so geliebt!

Bitte

Warum darf ich aus Deinem Blick
so wenig nur gewahren,
wie Deine Seele, mein Geschick
bestimmend, zu mir steht?
O laß es doch aus Deinem Munde
nur einmal mich erfahren
und nicht mich Stund' um Stunde
vergeblich darauf harren,
bis es zu spät!

Der Grabstein

Verzeih'
mein Lachen
wie ein Kind,
dem von dem allerlei
der schönen Sachen
die kullerrunden
Murmelsteine
wie im Gras der bunten
Finken Schar im Sonnenscheine
eingefallen sind!

Vergib
mein Weinen
wie ein Kind,
dem auch nicht einer blieb
von all den Steinen
als nur der eine,
auf dem immer
mehr und mehr an meine
Mutter mich der Kerzenschimmer
mahnt im Abendwind!

Entzweit

Du läßt zerrinnen
wie Wasser in den Sand
mein heilig' Minnen,
das aus der Seele quillt,
ins Nichts,
um zu zerstören
in mir,
der Dir
so nahe stand,
Dein schönes Bild,
mit Deines Angesichts
Vertraulichkeit
dem zu gehören,
der uns entzweit.

Ein Vöglein

Ein Vöglein trinkt
vom Morgentau,
ein Vöglein schwingt
sich auf ins Blau,
ein Vöglein singt
vom Blütenduft,
der in die frische Frühlingsluft
beim Sonnenglanz aufsteiget.

O Vöglein, sing
dem Mägdelein,
mit dem ich ging
zu Tanz und Wein,
das mich umfing
beim Sommerreihn,
aus dem ich hing
mit Lust und Pein,
das mich verließ und schweiget!

Verzicht und Gewinn
(Entsagen)

Du ließest mich zu lang im Stieben
der Herzenskälte stehn
und all mein Lieben
und all mein Hoffen
auf Dich und all mein Sehnen
in Nichts verwehn.
Doch solltest, in Gedanken
an mich einmal betroffen,
Du des verwaisten Weges gehen
im Nacherleben,
und nicht wanken,
so wäre mein Verzicht
auf Glück und Liebe doch Gewinn,
wenn Dein Dich-ganz-Verschenken
an einen Menschen nicht
mehr anders könnt' geschehn
als nur an jenen,
der Dir so lieb ergeben,
wie ich es war und bin.

Ungelehrig

Wie Du es mich gelehrt,
will ich es künftig machen
und, wenn Du wiederum Dich abgekehrt
von mir, dem ewig Schwachen,
verweigern, mich mit Dir zu einen,
und so wie Du dazu nur lachen
und nie mehr sagen,
daß ich so lieb Dich hab ...
Du kommst, ich will es wagen,
vor Dir in ungewohnter Härte zu erscheinen:
Du kehrst Dich lachend ab
bei meinem Weinen.

Des Herbstes Mahnen

Hast Du des Herbstes Mahnen nicht gehört,
das leise Weinen nicht, das wehe Flüstern
des Windes in den Ästen, die vom Laub entleert
in grauen Nebelschwaden schwarz vergittert
düstern?
Du aber stehst, vom Sommer noch betört,
schon nach des Frühlings Blütenwunder lüstern,
und Dein Gebaren zeigt Dich als ein Kind,
im Schmelz des Fühlens noch von keinem
Schmerz versehrt
und allem Zwange der Verwandlung blind.
Du hast des Herbstes Mahnen nicht gehört.

Du,
mein Sakrament der Liebe

Von Dir, Geliebte, zehrt
die Seele wie vom Wein
vor Dürstens Not.
Von Dir, Gebliebte, nährt
mein Leib sich wie vom Brot
vor Hungerns Pein.

Du bist mir auserwählt
vor Gott zum lieben Weib,
das mich erkennt,
und Deine Seele hält
mich wie ein Sakrament
und auch Dein Leib.

Herr, es ist Zeit

Herr, es ist Zeit,
daß Du mich zu Dir rufst.
Was Du an Schmerzen mir schufst
und Herzensleid,
Du weißt, ich mühte mich,
daß ich es trug;
so wisse auch, daß ich
um ihrer willen,
die mir mit frommem Trug,
statt alle Sehnsucht mir zu stillen,
die Todeswunde schlug,
noch dieses tragen würde,
auch wenn das Herz mir bräche
in letzter Liebespflicht,
wär mir für diese Bürde
noch Kraft genug,
doch meine Schwäche
vermag es nicht!

Die Meute der Gedanken

Ich bin des Wanderns müde und mein Stab
ist längst nicht mehr die starke Zuversicht,
daß ich auf meinem Wege
Dich einmal finden werde.
So gab ich als mein bestes Hab
und Gut aus dem zerbrochenen Gehege
jetzt meine Liebe in Verzicht,
wie selbst der schlechteste der Hirten nicht
aus der ihm anvertrauten Herde
das allerletzte, gottverlaß'ne Schaf.
Wie sollte anders da mein Schicksal sein,
das jenes auf verborg'ner Fährte
zu einer beß'ren Weide traf,
als es auf weiter Flur allein,
den Wölfen allzu leichte Beute,
mit dümmlichster Gebärde
um Schonung bat
vor ihrem Biß,
wie ich vor Trotz nicht tat,
als der Gedanken schwarze Meute
mich ins Verderben riß,
nur daß es nicht so schade
wie um das Vließ,
zu dessen Rettung keine Hand,
wie wohl es ihr die warme Wolle ließ,
sich letztlich fand,
um mich war,
der ich zwar
als letzte Tat
allein um Gnade
für jene bat,
die mich verstieß.

Du

Du Seelenbraut,
Du Herzensmaid,
mir angetraut
und benedeit,
Du Liebste ohnegleichen,
das Herz besingt
Dich, Holde mein,
die Seele klingt
in Dich hinein,
nie mehr von Dir zu weichen!

Die Mär

Es kommt eine Mär
von Liebe und Leid
seit altersher
auf stillem Weg gegangen.

Ich spüre, sie nimmt,
als wär' für uns beid'
es so bestimmt,
das Herz mir ganz gefangen.

Und hörst Du die Mär
von Liebe und Leid,
vergiß der Wehr
in seligem Verlangen!

Winterträumen

Die Erde schläft im Winterkleid
und träumt von alten Dingen,
von Seelenlust und Herzeleid,
von Tanz und frohem Singen,

von Vogelruf und Maienluft,
von Saat und Frühlingsblumen,
die in ihr Licht die Sonne ruft
aus dunklen Ackerkrumen.

Mein Träumen aber geht nach Dir,
die alles auf der Erden
an Klingen ist und Leuchten mir,
im Arm Dir wach zu werden.

Advent

Ich habe lange
schon vor der Nacht
die Kerze auf den Tisch gestellt
und Brot und Salz,
mit seligem Bedacht
gewärtig schon des bange
ersehnten Falls,
daß Du, im warmen Schein
des Lichts mir spürsam zugesellt,
zu Gast willst sein.
So laß das Brot nicht trocken
Dir werden und nicht schal
das Salz und mich nicht hocken
über die durchbangte Frist
in Dunkelheit und Qual,
wenn meiner Seele wie dem Leibe
der Hoffnung Licht
erloschen ist!
Ach, komm' das eine Mal
und säume nicht
und bleibe!

Die Weisheit

Auf leisen Sohlen
schreitet sie dahin;
als mangle ihrem Wesen das Gewicht
der Dinge, die uns so vertraut,
und halb verstohlen
lädt sie deinen müden Sinn
zum Trank, den sie gebraut
aus jenem Sude des Entsagens,
der deiner jäh verspürten Schwachheit
im Zwange des Verzichts
des Geistes Stärke unterschiebt,
als wäre vor der Wachheit
des neuen Fragens,
mit ihr verglichen,
all jenes nur ein Nichts,
das du, erfühlend
mit heilg'gem Schauer, einst geliebt.
Und deine Stirne kühlend,
beläßt sie dir verblichen
die lebensbunten Bilder der Vergangenheit
in fahlem Licht.
Sie hält den Trank bereit
mit wächsern starker Hand,
du trinkst
und dein Verstand
erscheint entrückt
aus Raum und Zeit,
du sinkst,
jedoch beglückt
und trunken vor Seligkeit
das bist du nicht.

Ohn' Dich

Es ist kein Tag,
ein Nacht ist kein',
da ich vermag
ohn' Dich zu sein
allüberall auf Erden.

O sag, was han
Dir, Herzensmaid,
ich angetan
für Herzeleid,
für Kummer und Beschwerden?

Ich sterbe schier,
daß Gott sich barmt,
wenn ich von Dir
nicht mehr umarmt
in Ewigkeit soll werden.

Ein Weh

Es ist ein Weh
ins Herz so tief
verspürbar mir gegeben,
wie keines je
mich noch durchlief
mit stärkerem Erbeben.

Wo ich auch geh',
ist mir, als rief'
der Tod, mich fortzuheben
aus Deiner Näh,
bis mir entschlief'
mein Lieben und mein Leben.

Heilung meiner Seele

Es ist für meine Seele
des Weilens nicht,
wo Du nicht weilst,
damit sie nicht verfehle,
daß Du sie heilst
von all der Dunkelheit
in ihr
mit all dem Licht
der Seligkeit
in Dir.

Mit Dir

Es ist ein Leuchten mir ins Herz getan
seit ich Dich, Liebste, sah,
daß ich den Weg nicht mehr verfehlen kann,
bleibst Du mir herzensnah.

Du bist es, die an tiefen Abgrunds Rand
das Dunkle von mir nahm.
Wie ist zu gehn an Deiner Hand
zu uns so wundersam!

Laß uns des Weges ineinander ruhn,
vor allem frei, was quält,
und endlos zärtlich miteinander tun,
was uns das Herz erzählt!

Leere Hände

Schau nicht auf meine Hände,
wenn ich komme,
denn sie sind leer
wie eine Winterweide
ohne Blatt und Trieb!

Wenn ich das Schöne fände,
trüg' ich es her,
daß es Dir fromme
und niemals sei zu Leide,
denn ich hab' Dich lieb.

Wär' ich

Wär' ich ein Gott,
ich schenkte Dir
der Sterne Zier,
der Blumen Duft,
die Maienluft.
Wär' ich ein Gott!

Wär' ich ein Gott,
ich riefe her
das weite Meer,
der Vöglein Sang,
der Sphären Klang.
Wär' ich ein Gott!

Ich bin kein Gott.
Was fang ich an,
zu sein Dein Mann,
was kann ich tun,
in Dir zu ruhn
als Mensch, nicht Gott?

Ich habe lang gesucht

Ich habe lang gesucht
nach jener einen,
die mir immer bliebe,
und habe Gott geflucht
in Zorn und Weinen
wie dem Teufelstriebe,
der mich verrucht
genarrt mit jener Reinen,
die keine war.
Ich habe lang gesucht
nach jener einen
und ihrer Liebe
und fluche
dem gleichen Gotte noch
und suche
nach jener Meinen
in gleicher Sehnsucht doch
und immerdar.

Weihe - Nacht

Daß ich für diese uns're Weihe
der Heil'gen Nacht
so wenig Dir zu schenken habe,
sei nicht abhold
mir, Liebste, und verzeihe!
Ich habe
Dir weder Weihrauch, Myrrhe, Gold,
auf daß es gleiße
in Deinem Schoß,
noch einen Esel Dir gebracht
als meine Gabe
noch einen Ochsen, groß
genug, daß er den Hafer drischt
zu süßer Speise.
Ich, Liebst, bringe
Dir weder Mandelkerne
noch roter Äpfel einen,
der auf dem Herde
gar duftend brät und zischt,
und ebenso auch keinen
der Glitzersterne
wie den von Bethlehem,
auf daß es hell Dir werde.
Ich, Liebste, bringe
Dir auch nicht eines, das genehm
und Dir das Herz erfrischt,
all jener schönen Dinge
des Spielens und des Scherzens,
behutsam unterm Lichterbaume aufgetischt,
nur diese eine, kleine Weise,
die Dir, geborgen in der Krippe meines Herzens,
so ganz allein
und zärtlich leise
ich singe,
daß meiner Liebe warmer Schein
Dir nicht erlischt.

Die Rose

Eh' noch die Rose,
die ich Dir geschenkt,
verdorrt,
verblaßt,
Dein Sinn schon denkt,
wie zärtlich Dich
am gleichen Ort
wie jüngst noch ich
ein andrer kose,
für den das gleiche Wort
Du hast
wie einst für mich.

L'heure erquise

La lune blanche
luit dans les bois,
de chaque branche
part une voix
sous la ramée ...
o bien-aimée!

L'étang reflète,
profond miroir,
la silhouette
du saule noir,
où le vent pleure...
Revons ... C'est l'heure.

Un vaste et tendre
Apaisement
Semble descendre
du firmament,
que L'astre irrise ...
C' est l' heure exquise.

[Paul Verlaine (1844-1896)
La bonne Chanson]

Die holde Stunde

(Übersetzung in Versmaß und Sinn)

Im Wald der Mondschein
sich licht ergeht,
von jedem Zweiglein
ein Flüstern weht,
zur Au zu schweben ...
mein Lieb' und Leben!

Im dunklen Weiher
spiegelt sich lind
der Weide Schleier.
Es weint der Wind
zum Traum die Kunde:
Das ist die Stunde.

[Still haucht der Weiher,
Spiegelgerinn',
der Weide Schleier
so schwarz. Der Wind
weint leise Kunde
zum Traum der Stunde]

Ein wonnig Leben
ein sanfter Tau
scheint herzuschweben
vom Himmelsblau
im Glanz der Sphären
welch holdes Währen!

[In Klammern die erste Fassung von 1947]

Les Yeux

Bleus ou noirs, tous aimées, tous beaux,
des yeux sous nombre ont ou l' aurou.
Ils dorment au fond des tombeaux
et le soleil se lève encore ...

Les nuits, plus donces que les jours,
out enchanté des yeux sans nombre,
let étoiles brillent toujours,
et les yeux se sont remplis d' ombre.

Oh! qu' ils aient perdu le regard,
non, non, cela n' est pas possible.
Ils se sont tournées quelque part.
Vers ce qu'on nomme l'invisible.

Et connue les artres pluchants
nous quittent, mais au ciel demmenrent,
les pruelles out leur couchants,
mais il n'est pas vrai, qu'elles meurent.

Bleus ou noirs, tous aimées, tous beaux,
ouverts à quelque immence auron,
de l'autre coté des bombeaux,
les yeux qu'on ferme voient encore.

[Sully Rundhammre (1839-1907)
Les solitudes.]

Die Augen
(Übersetzung in Versmaß und Sinn)

Ob blau, ob schwarz, all' trauter Pracht,
sahn Augen einst den Morgenschimmer.
Nun schlummern sie in Grabesnacht,
wie wohl die Sonne strahlt noch immer.

Von Nächten, holder denn der Tag,
durft manches Auge Labung nehmen,
der Sterne Glanz auch währen mag,
die Augen dunkeln tiefe Schemen.

Daß ihr Gesicht erloschen, Oh!,
ist nur der Menschen trügend' Wähnen,
sie drehn sich dorthin irgendwo,
was wir das Unsichtbare nennen.

Wie uns entflieht der Sterne Schein,
die doch am Himmelsrund verharren,
ruhn' uns're Augen auch, doch kein
stetiger Tod läßt sie erstarren.

Ob blau, ob schwarz, all' traute Pracht,
geheimen, ew'gen Morgenschimmer
einatmend, fern der Grabesnacht,
schaun Augen, die man schließt, doch immer.

Tagebuch 1

Freuden und Klagen,
Liebe und Leid
in Wintertagen
nur Dir geweiht,
der einen
und meinen
in Ewigkeit

*

Warum hast, Jahwe, du gelitten,
daß ich das unberührte Feld,
das ich mit meiner Liebe früh umhegt,
von fremdem Pflug gebrochen
und besamt
gefunden,
der ich geritten,
wie kein Reiter pflegt,
durch deiner Wüste Stein und Dorn,
daß mir der Schimmel
keucht und lahmt,
vom scharfen Sporn
gestochen
und geschunden
wie mein Herz,
das dir und deinem Himmel
und deiner Gnade
so bitter flucht,
daß es auf seinem Pfade
höllenwärts
den Abgrund sucht
und, ehe noch dein Scherge Tod
verdüsterten Gesichts
die blanke Sense
aus den Lumpen kramt,
entronnen deiner Schöpfung Grenze,
ins Nichts
verloht?

*

Könnt' ich aus ihrer Bahn
der Wahrheit Sonne stoßen
in eine Sphäre ohne Wiederkehr
wie Charon seinen Nachen
in die Flut des Styx,
verspürte ich nicht mehr,
wie mir das Herz versprengt
des Denkens Wahn,
daß Du Dein Lachen,
Dein Liebkosen
an die Zerstörer meines Glücks
verschenkt.
Willst Du mich jetzt
an ihre Schatten reihen,
den Du mit Deinem Trug
so tief verletzt,
daß meiner Torheit Strafe nicht genug,
aus Ekel vor mir selber auszuspeien
und meine Liebe in die Gosse auszukippen
wie abgestand'nen Wein? -
In Deinen schönen
Augen wohnt
ein stiller Gram
und, von Dir selber unverschont,
gibst Du in Weh und Scham
Dich meinem Urteil preis,
so daß am Ende
ich in gleicher Pein
nichts anderes mehr weiß,
als, Deine Hände
zärtlich wie ein Frühlingshauch
ergreifend, mich mit Dir versöhnen
zu müssen
und von Deinen Lippen
die fromme Lüge Dir zu küssen
und Deine Liebe auch.

*

Dreh Dich nicht um,
ich folge Dir nicht mehr
auf falschen Spuren!
Du gabst mir kein Gehör,
so bin ich stumm
geworden und
unsagbar müde
und heillos wund,
da Du die stillen Fluren
meiner Seele hast verheert
und sie der letzten Blüte
noch entleert.
Mein Lied
erstarb,
mein süßes Lied
erklingt nicht mehr,
mit dem ich um
Dein Lieben warb.
Dreh Dich nicht um,
auf daß Dein Blick nicht sieht,
wie ich mit meiner Rechten,
von Gicht schon schwer
und krumm,
versuche noch zu winken
und Dir, als flechten
des Herzens Fasern mich
so unzerreißbar fest an Dich,
noch hinterher
zu hinken!

*

Der Schatten einer Palme
vor der Sonne Glut
auf Deinem Angesicht
und zwischen Dorn und Stein
der letzte aller Halme
des Lagers nur zu sein,
auf dem Dein Leib
geborgen ruht,
verwehre nicht,
geliebtes Weib,
und schlafe gut!

*

Was ist es, Liebste, das den Schlaf
an meiner Seite
Dir so ungewöhnlich
in dieser Nacht gestört?
Es war, als traf
im Widerstreite,
wem Dein Herz gehört,
Dich unversöhnlich
und empört
mein zauderndes Begehr,
Dich fest und warm
an meiner Brust zu spüren.
Hielt Dich mein Arm,
als Du vielleicht
an eines Anderen Berühren
hast gedacht,
ob es an Zartheit meinem gleicht
oder an Kraft es ihm gebricht,
zu fest und schwer,
und all dies nicht
erst letzte Nacht?

*

Seh ich, wie die Äpfel blühen,
gedenk' ich Deiner Wangen
in meines Herzens Glühen
vor Verlangen
und schäme mich.

Seh ich, wie die Äpfel schwellen,
gedenk' ich Deiner Brüste,
der wundersamen Quellen
süßer Lüste,
und zähme mich.

Seh ich, wie die Äpfel reifen,
gedenk' ich Deines Schoßes,
kann nicht den Sinn begreifen
meines Loses
und gräme mich.

*

Trinket, Augen, eh' der Krug zur Neige
mit der Fülle gern geschauter Bilder geht
und der Mund gezwungen, daß er schweige
von der Liebe, die in Nacht verweht!

Trinket, Augen, was die Lider fassen,
ehe euch die Blindheit überzieht,
trinket, ehe in des Hades' Gassen
euch des Himmels letztes Licht entflieht!

Augen, trinkt das Grün der Frühlingstriebe
und das Himmelsblau der Treue ein!
Mit dem Purpurrot der jungen Liebe
mag die Farbenpracht erloschen sein!

*

Als Knabe tat ich träumen
des Tages wie der Nacht
die Bösen auszuräumen
als Held in heißer Schlacht.

Als Jüngling las von Thule
ich gern der Treue Lied
und harrte einer Buhle,
die mir das Glück beschied.

Dem Mann geboten Pflichten,
des Dienens streng bewußt,
auf manches zu verzichten,
was Männern höchste Lust.

Dem Greis sind alles Mären,
vom Leben klug erzählt,
ihm Trost noch zu gewähren,
wann ihn das Altern quält.

Erschien' mir doch auf Erden
das schönste Traumgesicht:
Noch einmal jung zu werden!
Denn mehr bedarf es nicht.

*

Aus weißen Flocken sonder Zahl
löst eine sich
und findet meine Hand.
Mir ist mit einem Mal,
die eben noch als Stern
aus Unschuld nur
und reinem Lichte
der Vollkommenheit bestand,
verdichte
sich in ihres Wesens Kern
zu einer Träne und
beweine mich,
da ihre Kühle
nur im Bund
mit ihrer Reine
sich nach dem Willen der Natur
auf Dauer eine,
wie sich der innigsten Gefühle
warmem Zwang
aus seiner Hand
das zarte Vögelein
entwand
und ebenso,
um ihre Freiheit bang,
die Liebste mein
entfloh.

*

Du sagst mir oft,
ich könne wohlgemut
Dir trauen.
Doch wären meine Hände
ungeschlacht
und grob
und mir im Schmieden gut,
wie die des schlauen
Hephaistos' waren,
der heiß erhofft
und wohl bedacht,
wie er, der lahme Gott,
den schnellsten gar besiege,

dem Ares eine gold'ne Falle wob,
daß er ihm bände
und jener arg verlacht
und aller Götter Scharen
zu Hohn und Spott,
verstrickt im Schoß
der Aphrodite liege,
nachdem er Helios
dem oft gehörnten hinterbracht,
ich finge den Rivalen
nicht im gold'nen Netze,
ihm heimzuzahlen,
daß er Bett und Ehre
mir verletze,
nein, nein
und tausendmal
nein, nein,
daß je ich ihn versehre!
Ich bände Dich
mit der Gewissens Qual,
dem unzerreißlich
stärksten aller Stränge,
und würfe Dich
zur schlimmsten Pein
in Deiner Reue
glühend heiße Esse
und spränge,
weil ich meiner Treue
nie vergesse,
zu Dir hinein.

*

Ach, könnt ich doch
nur einmal noch
mit roten Kirschenkernen
um die Wette spucken!

Ach, könnt' ich doch
nur einmal noch
zu all den Silbersternen
hoch am Himmel gucken!

Ach, könnt' ich doch
nur einmal noch,
mein holdes Mädchen sehend,
ihm von Liebe singen!

Ach, könnt' ich doch
dies einmal noch
und dann, ins Dunkel gehend,
wie mein Lied verklingen!

*

Noch sehe ich die Tage
von Seligkeiten überquillen,
da die Liebste mir
es nicht verwehrt,
daß ich von all den stillen
Zärtlichkeiten ihr
in meinem Herzen sage,
das sie verehrt.
Wollt, Götter, mir
um ihrer willen
doch mit meinem Glauben
an das Gute nicht
und an das Schöne
der Augen Licht
in Eurem Neide rauben,
auf daß ich mich des Glücks entwöhne,
ihr holdes Angesicht
in Sonnenglanz
und Sternenschimmer
zu schauen
und auf die Liebe ganz
für immer
zu bauen!

*

Ach, Mädchen, mein,
ach, wonnig süßes Mädchen,
wenn es Dir doch gefiele,
im Dämmerschein
Dich zwischen Licht und Schatten
am Waldessaum
mit dem verwirrenden Gespiele
von goldnen Sonnenfäden
zu bedecken
und wie mit einem Netze einzufangen
in einem wundersamen Traum
und aus holdseligem Ermatten
wieder zu erwecken
mit meinen Küssen,
zärter, viel zärter als
die lichten Flecken,
die auf Deinen Wangen,
Deinem Hals,
auf Deinen Armen,
Deinen Händen
meine Lippen necken!
Ach, daß es Dir gefiele,
Dich meiner, Dir zu Füßen,
zu erbarmen
und diese süßen
Liebesspiele
niemals zu beenden!

*

Es atmet meine Seele
Dich, Liebste, mein,
wie Frühlingshauch,
der jene lichte Stele
der Erinnerung umkreist
und des Vergessens dunklen Rauch
vor ihrem warmen Schimmer
zu verwehen heißt.
Ach, wolltest Du für immer
mein guter Geist
der Liebe sein!

*

Noch liegen bunt gestreut
des Wegs die Kieselsteine,
wo Du einmal gingst,
als ob Du auch noch heut
an meinen Lippen hingst
als einzig Meine.
Doch ist Dein Schritt,
schon längst zu andren Zielen
von mir abgewandt,
ins Nichts verhallt.
War einer dieser Steine
wie Dein Herz so hart,
so eisig kalt,
daß er nicht mit mir litt
und an den Spielen
Deiner Art
Gefallen fand?

*

Es ist wie immer,
wenn der Herbst die Blätter färbt,
eh' sie in buntem Schimmer
still zu Boden fallen,
daß wachsend mit des Baumes Ringen,
in dessen Schatten Du mit ihr geträumt,
mit Herzensbeben eingekerbt
des liebsten Namens Initialen
in Deine Seele die Gewißheit bringen,
ob Du von all den schönen Dingen
das schönste hast versäumt,
weil Du es nicht mit ihr geteilt,
die Du geliebt.
Doch tiefer als die Wunden
in der Rinde herbt
die Bitterkeit,
daß keine jener Stunden,
die Du nicht bei ihr verweilt,
ein Gott auf dieser Welt
Dir wiedergibt.
So lebe Deine Zeit,
die keine Bleibe hat,
eh' flüchtig wie ein Traum

sie Dir enteilt
und auch das letzte Blatt
von Deines Lebens Baum
zu Boden fällt!
Wie soll ich Deiner noch gedenken,
ohne daß die Angst
mich grausam quält,
Dich zu verlieren
an einen, der Dich stärker hält
als ich, der nur vermag
Dir Verse zu zitieren,
wovor Du bangst,
und nicht wie jener Dir zu schenken
am gleichen Tag
und gleicher Nacht,
was immer Du verlangst,
wie soll ich Deiner
da noch gedenken
als einer,
die mich verlacht?

*

Als ich dem Tag erzählt,
daß Dich mein Herz erwählt,
wich er der Nacht.

Als es die Nacht erfuhr,
hat sie sich ohne Spur
davongemacht.

Ich hab's dem Tag gesagt,
hab' es der Nacht geklagt;
sie schwiegen still.

Wenn ich Dir selbst es sag'
und mich Dein Herz nicht mag,
ich sterben will.

*

Still wächst Dein Bild
in meiner Seele auf
zu einer Mitte,
deren Licht zuhauf
in sanften Farben
überschwillt,
als ob sie es nicht litte,
daß aus ihren Rändern,
die an Klarheit
schmerzlich darben,
die grausen Finsternisse
in schöne Wahrheit
sich verändern
und alle dunklen Risse,
die sie weh gespalten,
wie Wunden heil vernarben.
So dringe in die letzten Falten
meiner Seele
Deines Bildes Licht
und sie verhehle
ihre Sehnsucht nicht,
es ewig zu behalten!

*

Als ob Dich reute,
gestern mich zu kosen
mit zarten Händen,
willst Du mit harten heute
wie ein Stück Vieh
mich in den Abgrund stoßen.
Wann wirst und wie
Du dieses Spiel beenden?

*

Seit mich die Mutter, wie zu strafen,
aus ihrem dunklen Schoß
in diese Welt geboren
in schweren Wehen,
hab' ich der Lust zu schlafen
vor Bangnis abgeschworen,
als wäre es mein gottverhängtes Los,
an dieser Erde Dunkelheit verloren,
des Himmels Licht nicht mehr zu sehen,
und hoffe doch, dem Braven
gleich, ein Mädchen, auserkoren,
begehre, an der Seite mitzugehen
im Licht, und hoffe noch, dem Toren
gleich, daß Wunder gar geschehen.

*

Ich möchte Gott,
der mir zum Lohn,
daß ich das Gute suchte,
voll Spott
und Hohn
dieses verfluchte
Schicksal zugewogen,
auf die Hände speien
und ihm ins Angesicht
all mein Verachten schreien
und all mein Hassen,
daß er mir nicht,
die mir die Liebste ist,
hat heilig unberührt gelassen
von des Verführers Lust
und arger List,
daß er vielleicht
einmal als Gott bewußt
das gütige Verzeihen
des Menschen, dessen Bild ihm gleicht,
vermißt.

*

Warum hast Du
in meiner Seele Dich
gleich einem Diebe
in der Nacht
hineingeschlichen,
um alle Ruh'
und Stille mich
zuerst gebracht
und dann
verlassen?
Beschämt begann,
verzweifelt ich,
dem aller Hoffnung Schimmer
auf Deine Liebe
in die Nacht
verblichen,
mich selber immer
mehr zu hassen ...
und wann
auch Dich?

*

Wär ich der vielen Wege
ohne Sinn und Ziel
nur einen, einen
unverwandt gegangen
und hätte ich
im lockenden Gehege,
der, die mir gefiel,
statt nur um Dich
in mich hineinzuweinen,
lachend angehangen,
ich hätte mir ersparen
können, was es heißt zu bangen
und zu leiden
und zu verspüren,
was uns beiden
das Herz zerfrißt,
doch auch in seligem Bemühen
nie erfahren,
was Liebe ist.

*

Aus meiner Seele quälen
wie müder Rauch
in einer Winternacht
sich die Gedanken
und hängen sinnlos auch
am Tag wie an den Pfählen
die Netze, die, vom Fange schwer
an Land gebracht,
so leicht und leer
am Morgen aufgehißt,
im Winde schwanken,
und fassen es nicht mehr,
daß du gegangen bist.

*

O Götter, laßt mich jubeln ohne Neid
und bleibet mir gewogen,
da meiner Seele Leid
in die Vergangenheit
verflogen
und mich die liebste Maid
in Himmels Seligkeit
gezogen
für alle Ewigkeit!

*

Wie soll ich Dein gedenken
ohne Gram,
daß Du mir nicht kannst schenken,
was sich mit frecher Stirne
schon ein andrer nahm,
als wärst Du eine Dirne,
die sich jeder nimmt?
Wie soll ich Dein gedenken
ohne Scham,
daß ich, Dich tief zu kränken
in Scheu vor Deinem Schoße,
dennoch zu Dir kam,
als wäre uns die große
Liebe zubestimmt?

*

Gäb' je ich mich
dem Wandel aller Dinge
gelassen hin,
so wisse dies:
Ich hielte Dich,
die nicht mit goldnem Ringe
zu fassen schien,
in meinem Herzen fest,
das niemals Dich verließ
und niemals mehr verläßt!

*

Wär auch das Lager
meinem müden Kopfe
nur ein harter Stein
und mir im ird'nen Topfe
ein Bissen, kalt und mager,
und für die Nacht ein wenig
Sternenschein,
ich wäre König
einer meinen Welt,
lägst Du, mir warm
und innig zugesellt,
in meinem Arm.

*

Das Glück, das ich geglaubt
in schöner Zuversicht,
hat mir geraubt,
der mit dem Ring zerbricht
den Traum zu zweit.

Soll es der Abschied sein,
so sei er jäh und kurz
wie Feuerschein
im Meteorensturz
aus Raum und Zeit!

*

Tagebuch 2

Geliebte meiner Seele,
wenn je ich könnte,
ich tät es nicht,
daß ohne Fehle
mit Himmelslicht
ich Dich verschönte.
Das Angesicht
mir lächelnd zugewandt,
so malte ich,
Geliebte meiner Seele,
mit Herz und Hand
in Liebe Dich.
Trotz meiner Fehle
komm her und halte mich!

*

Wär' einmal noch die Zeit,
wie einst sie war,
als ich vor Seligkeit
um den Verstand
wie um mein Geld gebracht,
da mir ein Augenpaar
aus halbem Schatten
unterm breiten Rand
hervor des Sonnenhutes
lustig zugelacht
und heiße Lippen
ohne Lug und Trug
mich atemlos gemacht
und weiche Arme
lieb umschlungen hatten,
daß starken Mutes
schier durch die Rippen
das Herz mir schlug
und uns die warme,
holde Maiennacht
in kummerlose Träumerei,
befreit von Raum und Zeit
von dannen trug ...
In alle Ewigkeit
vorbei, vorbei!

*

Wann endlich werden all
die dunklen Schatten
und die lichten Schemen
nicht mehr an meinen Wegen stehn,
wie Rauch und Schall
zu jenen fernen Matten
einer andern Welt
nur die Erinnerungen nehmen
und still verwehn?
Sie werden niemals eher
ins Vergessen schwinden,
eh' Du nicht näher
magst zu mir in Liebe finden,
die unsern Weg erhellt.

*

Es sei mir einerlei,
ob unterwegs Du bist,
und also sorge ich auch nebenbei
mich nicht, ob Du Dein Ziel
zur Dir gesetzten Frist
auch ohne mich erreichst
und ob Du wenig oder viel
von Deinem Wege weichst ...
Da seh' ich ihn,
Dich zu begleiten, nahn
und spür' im Weiterziehn,
daß es noch wehgetan.

*

Ich wär' des Wegs der tausend Abenteuer
in einer letzten Bleibe längst entwöhnt,
verlockte mich nicht immerfort und ungeheuer
ein Reiz, der über das Verlorene versöhnt ...

Ich bin des Wegs der tausend Abenteuer
in Deinen zarten Armen jetzt entwöhnt.
Dein Liebreiz lockt mich immerfort mit ewig neuer
Erfüllung, die noch immerdar mein Sein verschönt.

*

Du bist nicht warm,
Du bist nicht kalt,
in meinem Arm
liegst Du so alt,
liegst Du so lau,
wie keine Frau
bei einem Mann
darf scheinen.

Du lächelst kaum,
Du weinest nicht,
Du lebst im Traum
und scheinest nicht
aus Fleisch und Blut.
So kommt Dir gut
mein Lachen an
und Weinen.

*

Wozu bist Du gekommen,
Liebste? Sprich!
Zu tun, was alle andern taten,
die in die Arme mich
wie Du genommen,
mich zu küssen
und mit falschem Gruß
mich zu verraten?

Wenn Du aus gleichem Grunde
dieses tät'st:
So sollst Du wissen,
daß mit jedem Kuß
von Deinem Munde
Du mich
allein verrätst
an Dich!

*

Zum Tabor aller meiner Seligkeiten
führt kein Weg zurück,
seitdem Du von mir gingst,
und von den Tagen voller Glück
bleibt im Vorübergleiten
ein leichter Abglanz nur,
ein leises Widerhallen,
und während einen andern Du umschlingst,
pflügt wie auf Golgotha im Niederfallen
durch meine Seele eines Kreuzes Spur.

*

Ich will ihr heute sagen,
wenn sie wiederkommt,
daß meinem Wohlbehagen
es nicht weiter frommt,
wenn sie bei mir verweilt,
und daß sie jetzt
kein Weh und Klagen
mehr von mir vernimmt,
weil endlich ich geheilt ...
Sie kommt und hört
und wendet nicht verletzt
und nicht empört,
doch sehr bestimmt
sich, stumm
und ohne Gruß
von mir
für immer fortzugehen:
Doch drehte sie sich um,
sie könnte sehen,
wenn auch des Mundes Flehen
sie nicht mehr vernimmt,
daß ich, von ihr
verlassen, sterben muß.

*

Du hast ins Herz gestochen
mir einen spitzen Pfahl,
mein Glauben mir zerbrochen,
mein Hoffen allzumal.

Dir wollt' ich beides bringen
und Liebe ewig neu,
doch nimmermehr Dich zwingen,
zu lieben ohne Treu.

An Dir wollt' ich gesunden
zu neuer Lebenslust;
warum hast Du verwunden
mich auf den Tod gemußt?

*

Ich kann nicht weinen,
ich kann nicht lachen,
ich kann nicht schlafen,
ich kann nicht wachen,
hab an der braven,
herzliebsten Einen,
an Dir, der Meinen,
viel gut zu machen.

*

Wann endlich bleibt im Buch
der Leidenschaften
eine Seite leer,
wann endlich bleibt der Fluch,
daß ich Dich lieben muß,
darin nicht haften,
wann endlich ist ein Schluß
des Leidens und
wann ohne Wiederkehr
Dein Blick, Dein Kuß
des Scheidens Grund?

*

Ich möchte Deine Seele halten
wie einen Becher kühlen Weins
und meine Seele um die Deine falten,
auf daß sie beide wären ewig eins.

Wie Odem sollt' es sie durchdringen,
wie Duft, der aus den Blüten zieht,
und sie so wundersam in sich verklingen
wie ein unsagbar zartes Liebeslied.

*

Es ist der Seele seltsames Gebaren,
daß sie der Stunde nur gedenkt,
da Du, Geliebte, von mir gingst,
und nicht der Stunden, die wir glücklich waren,
da uns der Himmel Sonnenlicht geschenkt
und Mondesglanz in stiller Nacht
und Du aus meinem Herzen die Gedanken fingst,
die nur um Dich gedacht.
So ist der Seele seltsames Gebaren
vom Ende nur des Wegs bestimmt,
als ob nicht dessen
auch ein Anfang wär',
derweil das Herz des Abschieds Schmerz erträgt
und ohne zu vergessen
in sein Weinen alles Hoffen nimmt,
daß einmal, sei es auch nach Jahren
ihm wieder die ersehnte Stunde schlägt
der Wiederkehr.

*

Ich sehe längst,
wenn Deine Augen träumen,
an wen Du denkst,
und trag es doch.

Ich höre bang
den Mund Dir überschäumen
von ihm, wie lang
ertrag ich's noch?

*

Wie habe ich mir oft
gewünscht, ein Gott zu sein,
um einmal unverhofft
Dir recht zu Trotz und Spott
nicht nur an Dich zu denken,
nicht nur um Dich zu frein,
nicht nur um Dich zu werben,
doch endlich götterhaft
mich allen zu verschenken,
nicht allen hinzugeben...
und spürte doch als Gott
nicht meiner Liebe Kraft,
mit Dir zu leben
wie um Dich zu sterben.

*

Ich war des Abschieds schon gewiß,
als noch die Lust,
Dir anzuhangen,
mir schier das Herz zerriß
wie jetzt das Leid,
da Du von mir gegangen,
und fühle doch bewußt
in Lust und Bangen
nach Deiner Mädchenheit
holdseliges Verlangen
in meiner Brust.

*

So unbereut
kommt mich als Mann,
so ungescheut
kein anderes Verschwenden
als Zärtlichkeit von Deinen Händen
und Lippen an.

Kommt so bereut,
kommt so vertan,
kommt so gescheut
ein anderes Vergeuden
als meiner Liebe Leid und Freuden
Dich, Liebste, an?

*

Ich habe meinen Glauben abgetan
und all mein stilles Hoffen,
daß ich Dich einst als Mann
vor aller Augen offen
von Herzen lieb umfahn
und halten kann.
Wann ich auch noch mein Lieben
soll geben vor der Menge zu Verzicht,
sei es um mich geschehn!
Dann, Himmel, mag,
allein geblieben,
ich deiner Sonne Licht
nicht einen Tag
mehr sehn.

*

Eh' meine Seele hin
zu Deiner fand,
hab ich nach altem Sinn
auf Glück und Treue
längst nicht mehr gebaut,
da jede wechselnd neue
nur halb Geliebte, doppelt rasch vertraut,
mich anders nie
als nur dem Leibe noch erkannt,
derweilen ich, darob von ihr verlacht,
nach ihrer Seele schrie.
Wenn Deine Seele sich von meiner trennt,
weil Du darauf bedacht,
nicht ewig Dich an mich zu binden,
dann will ich eher meinen Leib
zu Tode schinden,
als daß noch je ein andres Weib
vor meiner Seele ihn erkennt.

*

Sieh mich nicht mehr
mit Deinen großen Augen an!
Ich hab' es nicht verdient,
wie alles, was nicht taugen kann,
am Ende sühnt.
Frag' auch nicht mehr,
wohin der Weg mich führe,
und schau nicht hinterher,
damit ich es nicht spüre
wie Gruß und Kuß
und süßes Muß
der Wiederkehr!

*

Du rührtest wieder meine Seele an,
als sie von dieser Welt sich abgewandt,
doch diese wunde Stelle kann
auch Deine zarte Hand
von der verdienten Qual
nicht heilen.
Rührst Du ein letztes Mal,
bei Dir zu weilen,
meine Seele an?

*

Ich schenke Dir
der Blüten Duft,
der Vöglein Ruf,
des Maien Luft,
der Silbersterne Reigen
und nehme mir
Dich ebenso,
wie Gott Dich schuf,
des Lebens froh
zu eigen, ganz zu eigen.

*

Ich hättet es bedenken müssen,
daß den Himmel offen
nur die geschaut,
die von der Menschen Wut,
vor ihren Schüssen,
von ihrer Steine Würfen,
von ihrem Schwert getroffen,
als Märtyrer mit Hassen
bis auf Blut
bis in den Tod vertraut.
Ich war Dir lieb und gut
und doch bin ich verlassen,
an Leib und Seele krank.
Ich hab in Dir den Himmel offen
beseligt sehen dürfen,
Wenn auch in meinem Glauben, meinem Hoffen
und meiner Liebe tief von Dir verletzt,
was klage ich da ohne Dank
noch jetzt?

*

Gib, Herr, mir eine Hütte
und ebenso
gib mir darin
auf einer Schütte
von Haferstroh
ein Mägdelein!
Des' würd' ich froh
und dankbar sein.
Amen.

*

Ich hab' mich Dir geweiht,
Du mich entzweit;
ich habe Dich verehrt,
Du mich versehrt;
ich hab' mich Dir geschenkt,
Du mich gehenkt.
Könnt das ein Echo sein,
wärst Du so mein,
wie Dein mein Fleisch und Blut!
Komm, sei mir gut!

*

Pochst Du an meine Hütte,
weil der Herbstwind tobt,
nachdem die Blütenschütte
des Sommers Du erprobt
in fremden Armen hast?
Es wird ein Winter toben,
da Du frierst
und meine Hütte loben
und meine Wärme teilen wirst.
Der Frühling ist schon fast
Dir zubestimmt,
da beides Du verlierst,
was eine andre nimmt.

*

Sie kamen,
Dich zu zwingen,
und nahmen,
eh' sie gingen,
Dich als Frau zuvor.
Und käm ich,
wie sie kamen,
und nähm Dich,
wie sie nahmen,
gält' ich da als Tor?

*

Daß Du ihm noch gewogen
und gut noch sein
von Herzen magst,
der Dich um Dich betrogen,
das macht mir Pein,
mag Dir's auch wenig frommen.
Doch wenn Du wagst,
zu mir zurückzukommen,
an meiner Seele auszuruhn,
und darum sagst,
ich solle Dir verzeihn,
kann ich es da noch tun?

*

Fern sei der Tag,
der Dir, Geliebte, Kummer macht,
verflucht auch jede Stunde
einer jeden Nacht,
die Deinem Herzen einen Schlag,
die Deiner Seele eine Wunde
zugefügt,
wie jeder Mann,
der einmal Dich,
die sich in ihm geirrt,
betrogen und betrügt
und noch betrügen wird,
wann er dies kann,
und wo,
und, so
es der Gerechtigkeit genügt,
auch ich!

*

Wenn ich nicht komme,
Dich zart zu hegen,
Dir lieb zu tun,
so grämst Du Dich.
Doch wenn ich komme,
im Schoß gelegen,
in Dir zu ruhn,
so schämst Du Dich.
Was mach' ich nun
dagegen?

*

Du bist in meinen Tag gekommen
wie lichter Sonnnenstrahl.
In Deinen Armen aufgenommen
verlör' ich alle Qual
und fände neues Hoffen.
Wann endlich hältst Du Dich einmal
auch meiner Liebe offen?

*

Ich spüre Deine Nähe,
auch wenn Du fern mir bist,
als ob ich Dich vor Augen sähe.
Doch mehren sich die Spannen
einer dunklen Zeit,
die mir das Herz zerreißt,
zu einer Ewigkeit,
wenn Du von dannen
auf fremdem Pfade
zu einem andern gehst
und ohne Gnade
mich verläßt.

*

Ich wollte, Du verlörest Dich
in mich,
so bodenlos,
wie ich
in Deine Seele,
und Deinen Schoß
mich ganz befehle.
Du aber hörest mich
nicht Dich
bei Deinem Namen rufen,
der doch seit Ewigkeiten schon
in all mein Sinnen,
all mein Fühlen eingebrannt,
und von den Stufen,
von der off'nen Pforte
meiner Seele abgewandt,
gehst ohne Worte,
ohne Unterlaß
Du stolz davon,
als wärest Du mir unerkannt,
und läßt mein heil'ges Minnen
wie unfruchtbaren Sand
im Stundenglas
ins Nichts zerrinnen.

*

Es war schon fast
zu spät zur Nacht,
als ich zu langer Rast,
wie ich beglückt gemeint,
mein Herz Dir aufgemacht.
Du aber hast verneint,
dazu gelacht
und Dich als rascher Gast
am Tag davongemacht.
Der Abschied hat so weh getan,
daß sich mein Herz verengte
und auch ein andrer Gast
nicht fürder mehr,
sei lang, sei kurz die Rast,
darin verweilen kann,
auch wenn es ihn zum Bleiben drängte
und neuer Wiederkehr.

*

Der Tag war schwer,
doch Du warst mir zur Seite:
Dess' sei Dir Dank!
Ich weiche eitlem Streite
und bösem Zank,
doch nimmermehr
der harten Pflicht,
den guten Kampf zu wagen.
Spür' ich im Herzen die Gewähr,
daß Du mich nicht
im Stiche lassen wirst,
so will ich Opfer und Verzicht
um jeder guten Sache willen tragen,
bis mir das Herz zerbirst.

*

Die ich auf dieser Welt
von Herzen gern gezählt
zu meinen Lieben,
hab ich gequält
mit ernster Zucht,
doch auch mit Zuversicht
erheitert.
Was ist mir jetzt geblieben,
der ich die Wahrheit nur gesucht?
Ich bin an dieser Welt
und dem, der sie erhält,
gescheitert
und an mir,
doch nicht,
weil es zu Dir
an Liebe mir gebricht.

*

Was hülfe Klagen,
wenn ich klagte,
was hülfe fragen,
wenn ich fragte,
was hülfe sagen,
wenn ich sagte
von Ziel und Sinn,
warum ich unbequem
den Menschen bin,
da ich mich jetzt entfernen
soll aus ihrem Kreis?
Ist das der Grund,
weil es nicht mehr genehm
zu wissen, was ich weiß
und wund und ewig wund
die Seele schlägt,
mit mir erlernen,
was den Geist erregt,
mit mir erspüren,
was das Herz bewegt,
mit mir berühren,
was die Liebe trägt?

*

Wenn ich Dich, Liebste,
nicht darf sehn,
erfaßt mich Gram.

Sieht man Dich, Liebste,
bei mir stehn,
erfaßt Dich Scham.

So laß mich, Liebste,
jetzt ins Dunkel gehn,
aus dem ich kam!

*

Bald kommt die Zeit,
gehaßte Freud',
geliebtes Leid,
daß ich euch beid'
nicht nur für heut
vertausche,
wenn froh dem Ruf
der liebsten Maid,
die Gott erschuf,
in Ewigkeit
und nicht nur heut
in Freud
und Leid
ich lausche.

*

Holden Düften
sanft ergeben,
linden Lüften
preisgegeben,
öffnet meine Seele sich,
so unnennbar
leis zu schweben
aus den Grüften
hin zum Leben.
Sich untrennbar
zu verweben,
fülle Deine Seele mich

*

Des Frühlings Ahnen
bringt Schaffenskraft,
des Sommers Schwüle
die Leidenschaft,
des Herbstes Mahnen
das Herzeleid,
des Winters Kühle
Behäbigkeit,
doch Du Gefühle
der Seligkeit.

*

Du hast mich gejagt,
mich gehetzt,
doch will ich nicht klagen,
was auch geschah;
Du hast mich geplagt,
mich verletzt,
doch will ich es tragen,
bist Du nur da.

*

Ich habe Dich erfühlt
an Haut und Haar,
an Fleck und Mal,
so ganz in Dir versunken.

Es hat mich überspült,
wie nie es war,
mit Lust und Qual,
so ganz in Dir ertrunken.

*

Ist einer,
der mir sagt,
Du habest ihn gefragt
nach mir?
O nein!
Allein
nur einer
hat belacht,
was er einmal gemacht
mit Dir.

*

Herze mich,
schmerze mich,
kose mich,
stoße mich,
halte mich,
spalte mich,
an Seele
und Leibe
mich quäle,
doch bleibe!

*

Ich spüre Deine Brüste
auf meiner Brust
in aller Lüste
höchster Lust
und durch die Seele wonnt
der Liebe Glut,
derweilen ganz
mein Leib, besonnt
von Himmelsglanz,
in Deinem ruht.

*

Ölbergnächte
sind von großer Pein,
sind die Schächte
einer dunklen Angst,
die Dein Herz zerfrißt,
wenn der andre Dein
schlafend so vergißt,
wie Du um ihn bangst.
Wenn er wachend Dein
einmal nur gedächte,
wärst Du nicht allein.
Ölbergnächte
sind von solcher Pein.

*

Wenn auch der herben
Schmerzen herbste noch
um Dich durch meine Seele gehn,
so laß mich doch
in Dich versterben
und in Dir auferstehn!
Ich habe vor dem Licht,
das Deine Stirne traf,
mich vor dem Wind verhüllt,
der Dir das Angesicht
in Deinem süßen Schlaf
mit seinem Hauch
so lind umspielt,
wie es der Strauch
mit seinem Schatten tat,
wie es das Wasser auch,
das Deinen Leib umspült,
mit seiner Kühle hat;
die Wege, die Dein Fuß berührt,
hab' ich gemieden
wie die Blumen, die hienieden
Dir zur Freude
in das Licht entsprossen,
und vor der Vöglein Liedern,
die sie Dir gesungen,
mich ganz verschlossen,
weil meine Seele davor scheute,
was sie an Seligkeit
durch Dich verspürt,
mit Liebe, die ihr zu gering erschienen,
und Treue zu erwidern,
mit der Hinfälligkeit
des Leibes nur zu dienen,
für alle Zeit
von Deiner Anmut, Deiner Heiligkeit
bezwungen
und Dir allein geweiht.

*

Da meine Seele
zu neuem Sein
in Dir erwacht,
ertrage sie
und klage nie,
daß fürder sie
seit jener Osternacht
vor Dir verhehle,
wie sie allein
nur Dein
gedacht.

*

Der Himmel gebe,
daß ich mich entscheide,
ob ich Dich erlebe,
ob ich Dich erleide,
und so endlich wüßte,
ob es wohl gereicht,
mich von Dir zu lösen,
wenn ich jenes büßte,
jenes, was dem Bösen
nie und nimmer gleicht!

*

Ein Betteldasein
mag da heißen,
was mein Leben ist,
dem wertenden Verstand.
Allein Dir-nah-sein
schon als Glück
mein Herz bemißt,
mein Mund benennt,
wenn auch die Hand
das eitle Gleißen
eines Rings nicht kennt.
Komm doch zurück!

*

Tagebuch 3

Ich habe
zur Gabe
weiter nichts
für Dich
als mich
und des Gedichts
beherrschungslose,
doch niemals
der Empfindung bloße,
weil der Klagen
volle Liebesworte,
doch gleichfalls
meines Herzens feste Pforte,
darüber Dich
allein
in mich
hinein
zu tragen.

*

Warum hast Du mir Treue zugesagt,
die Du nicht hältst,
wenn Du, kaum daß es tagt,
schon einen anderen Verbleib Dir wählst?
Du kannst nicht mehr verneinen,
daß selbst noch vor dem Wehen
Deiner frommen Lüge
Deine Spüren von mir gehen
und unverderblich hin
zu jenem Andern führen.
Ich bin kein Gott,
daß ich es lachend trüge,
doch auch mein Weinen
über all diesen Deinen
argen Spott
sollst Du nicht mehr verspüren,
da ich sterblich bin.

*

Wie keine noch mich stach,
hast Du mir Deinen Zorn
ins Herz gestochen
wie einen Rosendorn,
als habe ich gebrochen,
was ich nie versprach:
Bei Dir zu bleiben,
als sei mir nicht zu Ungemach
Dein fremdes Treiben.
So stich
noch einmal mir
ins Herz und brich
aufs neue,
was ich niemals brach:
Die Treue
zu Dir.

*

Was hast Du nur mit mir gemacht,
daß ich in einer Nacht
der Seligkeiten
ganz in Dich versunken,
von Deinen Zärtlichkeiten
wonnetrunken?
Ach, wär ich doch in Ewigkeiten
nicht mehr erwacht!

*

Wenn ich entrönne
all dem Zwange,
Dich zu lieben,
die mich verstieß,
ich fühlte mich vertrieben
aus einem,
ja, einem
Paradies;
denn ich vergönne,
wärst Du selbst die Schlange,
es keinem,
ja, keinem,
Dich zu lieben.

*

Es ist ein eigen Ding,
daß ich so eigen ging
und doch
mit Dir.
Verlier
ich noch
Dich, die allein mich hält,
entsag ich auch der Welt.

*

Du siehst den Blättern nach,
die sich im Winde drehen,
der sie von ihren Zweigen brach.
Sie wehren sich nicht mehr,
der Schwachheit Kinder,
und fallen haltlos hin.
Warum willst Du nicht sehen,
daß ich nicht minder
ohne Gegenwehr
Dir ganz verfallen bin?

*

Du warst so weit,
Du warst so lang,
von mir entzweit,
daß mich die Einsamkeit
in ihre Arme zwang,
mir zärtlich rät
in sie hinein
mich zu entleiben,
in sie allein
mich zu entseelen.
So mag es bleiben
fort in Ewigkeit!
Du wirst mir fehlen
alle Zeit.
Jedoch Du kommst zu spät.

*

Daß meine Liebe,
Dich mit sanfter Macht
wie einer Maienblüte
zarte Triebe
vor dem Reif der Nacht
in Ewigkeit behüte,
sei mein „Vollbracht"!

*

Gib, Herr, mir tags kein Brot,
wenn ich allein es esse,
und schlage mich mit Not,
wenn fremde Schuld
nicht zu vergeben
je ich mich vermesse!
Doch schenke mir
in meinem falschen Streben
Deine unverdiente Huld,
von der Versuchung alles Bösen
dieser Zeit
mit ihr,
der meine Liebe ich geweiht,
mich zu erlösen
für die Ewigkeit
bei Dir!
Daß Dir mein Mund verhehle,
was aus dem Herzen steigt,
laß es geschehen
ganz ohne Groll
und was aus meiner Seele
sich hin zur Deinen neigt,
laß es vergehen
ganz, wie es soll!

*

Ich liebe Dich,
die mich beseelt,
die mich gequält,
die mich gepfählt,
die mich entseelt,
Dich liebe ich.

*

Ich weiß nicht,
ob mein Herz ermessen kann,
was ihm noch bliebe
nach Deinem letzten Kuß.

Ich weiß nicht,
ob Dein Herz vergessen kann
die Tiefe meiner Liebe,
die es lassen muß.

*

Kretischer Tanz,
hebst du ihm Fünfer-Schritt
nur meiner Füße Tritt,
weil sie der Wein beschwingt,
der so betört,
oder erhebst du ganz
auch meine Seele mit,
da sie von jener singt,
der sie gehört?

*

Kretische Nächte,
Freude und Leides
unsagbar schwer,
euer gedächte
ich nimmermehr
wenn mir nicht beides
heute noch brächte
die dort Geliebte her.

*

Kretischer Abend,
kretische Leier,
wenn du mir schabend
über die Saiten
der Seele fährst,
machst du mich freier,
wenn du mich lehrst,
tanzend zu leiden,
daß du nie wiederkehrst?

*

Bin ich, Apoll,
je deiner Wahrheit,
je deines Lichtes
weniger voll,
als des Gedichtes
mangelnde Klarheit
jemals verrät,
wie Gott Dionysos
mir durch die Seele geht
unendlich groß?

*

Hätt' ich so sehr,
wie es Menander
einst gesagt,
Dir weitaus mehr,
als man einander
tut, gewagt,
von ganzem Herzen
zu bedeuten,
so hätte ich
mich mehr geplagt,
mit allen Schmerzen
mich zu enthäuten,
mich selbst zu finden
und mich zu binden
allein an Dich.

*

Wie könnte leicht ich anders ein,
als mich die Mutter schwer geboren?
An vieles hab' ich mich verloren,
doch nie an Tand und bloßen Schein.

So trage mich, wie sie es tat!
Doch heißt Du mich nach Ehre gieren
wie sie, wirst Du mich so verlieren,
wie sie mich früh verloren hat.

*

Mit grauser Flut
von Santorin
war Minos' Reich,
der Göttern gleich,
in Nichts dahin
Poseidons Wut.
Wes Mannes Wut
wirft mich dahin
so menschengleich
aus Deinem Reich,
aus Deinem Sinn,
aus Deinem Blut?

*

Der Ölbaum

Als seist du Wurzel nur,
dich zu verketten
mit des Himmels Licht
durch schillernde Lanzetten,
indes sich mit der Erde
auf des Wassers Spur
den wirres Haar verflicht,
auf daß dem Wunderkreis
des „Stirb und Werde"
es nicht an Menschenfleiß
noch segnender Gebärde
von Götterhand gebricht.

*

Warb einer,
werbend um Dich,
warb keiner
werbender
als ich.

Starb einer,
sterbend um Dich,
starb keiner
sterbender
als ich.

*

Noch
werbend
um Dich,
sterbe ich schon
in Dich.

Schon
sterbend
in Dich,
werbe ich noch
um Dich.

*

Es war die Flucht
vor Dir,
die an den Rand
der Todesschlucht
mich zwang,
mich trieb.
Nach meiner Flucht
zu Dir,
gib mir die Hand,
die ich gesucht
so bang,
so lieb!

*

Ich sehe Dich
in Herzenslust,
die in die Fremde flieht,
von meiner Seite hasten,
und das tat weh.

Doch sehe ich,
wie an die Brust
ein anderer Dich zieht,
beglückt daran zu rasten,
ich leise geh'.

*

Wie hab ich oft
in dunkler Nacht
dem Winde eine Weise
überbracht,
sie unverhofft
so zärtlich leise
ihr zu bringen.

Vermöcht ich oft
am lichten Tag
von Herzen eine Weise,
die sie mag
und sich erhofft,
so zärtlich leise
ihr zu singen.

*

O Liebeslust,
o Liebesleid,
ich fühl' bewußt,
wie gleich ihr seid,
so uferlos,
so dornenscharf.
Ach, wenn ich bloß
die Herzensmaid
so lieben darf!

*

Ein Wurzeln ist,
ein Schwellen schon,
ein Knospen und ein Treiben.
Das Herz vergißt
des Wartens Fron,
so lang allein zu bleiben.

Von aller Plag',
spür ich die Kraft,
mich endlich zu befreien,
am ersten Tag
mich hingerafft
von Dir zu Dir im Maien.

*

Zäh gähnt
die schwarze Schlucht;
schon wähnt,
den ich gesucht,
der kalte Tod.
mein stürzendes Gewicht
so leicht
in seine Hand
gegeben.
Da loht
ein warmes Licht,
die Schwärze weicht,
als wär ein Gott,
der von der Todeswand
ins Leben
mich heimwärts trüge,
doch sein Gesicht
trägt Deine Züge.

*

Ich liebe Dich
mehr als die Geige
ihren Bogenstrich,
ich liebe Dich
mehr als der Zweige
ihren Blütenflaum,
ich liebe Dich
mehr als der Feige
seinen Heldentraum.
Wie liebst Du mich?

*

Mit welchem Recht
bist, Seele, du erbost,
daß meine Hände
ihren Leib liebkost?
Ist dieses schlecht,
so sag,
zu welchem Ende
du deren Seele hast erlost,
die auch mein Leib so mag!

*

Ein unvergeßlich
schlimmer Rausch
hat mir die Schläfen
überspült,
mich doch zu zwingen
zu unermeßlich
schlimmem Tausch.
Selbst wenn mich träfen,
überfühlt
vor andern Dingen,
Zeus' Donnerkeile
grimmer Eifersucht
aus starker Hand,
soll ewig nie gelingen,
daß treu verweile,
die ich stets gesucht
und endlich fand.

*

Wird mir geschehen,
wie dem Dieb bei Nacht,
der ungesehen
seine Beute macht?
In einem Meer des Glücks versunken,
spür' ich verschüchtert,
wie meine Seele sich der Deinen weiht,
wie auch mein Leib dem Deinen sich vermählt ...
Du aber stehst halb trunken,
halb ernüchtert,
als habest Du mich mitgezählt
und lächelnd eingereiht.

*

Ist es ein Traum,
daß ich, ein Baum,
in Deinem Gärtlein rage?

Ist Wahrheit es,
ist Narrheit es,
daß mich Dein Gärtlein trage?

*

Zu Minos' Insel wäre ich geschwommen
vor Seelenpein
selbst durch der Haie grausiges Gewimmel,
Dir ewig zu entkommen,
Dir ewig fern zu sein.
Doch tauschte ich nur einen andern Himmel,
nicht eine andre Seele ein.
So flog ich abermals zu Dir zurück,
ein Erd-geweihter Ikarus,
auf steter Suche nach der Seele Glück.
Laß es in Dir mich finden, Liebste mein,
eh' ich durch Deine Sonne stürzen muß.

*

Derweilen Du dich kaum
in meine Arme drängst,
hält sich mein Denken
schon längst
nicht mehr im Zaum
und treibt mich wieder fort.
Ein letztes Sichversenken
Herz in Herz,
ein Abschiedswort,
ein unbeholf'ner Scherz,
ein Winken
und nichts mehr
als ein Versinken
in neue Lust
zu neuem Tun
und doch schon unbewußt
nach Wiederkehr
und Indirruhn.

*

Du bist für mich
in meiner Wüste
die rettende Oase,
für meine Kehle
allen Lebens Naß.
Was wundert Dich,
daß Trinkgelüste
vom Fuß mir bis zur Nase
wie dem Kamele
Wüstenlebens,
wüsten Lebens,
Spaß?

*

Wie kann ich spüren,
wo die Mitte liegt,
laß ich mich nicht verführen
zum Höhenflug,
der mich zur Sonne hebt,
zum Tiefenzug,
der mich ins Meer begräbt?
So bin ich Ikarus
vieltausendmal,
der aus der Mitte fliegt,
doch zwischen diesen Rändern
von Lust und Qual
sein Leben ändern
wie sein Sterben muß.

*

Vergesse ich Dein,
Jerusalem,
so soll mir die Rechte verdorren!
Vergesse ich Dein
trotz Yad Vaschem,
so sei mir mein Denken verworren!
Vergesse ich Dein,
Herzliebste mein,
so sei ich auf ewig verloren!

*

Gedenkest Du nicht der Legende,
wie Baucis und Philemon einst
als ihrer Hütte Herrschaft und Gesinde,
zufrieden ob des kargen
Daseins an des Lebens Ende
als Eiche sich und Linde
ineinander bargen,
verwurzelt und verwoben
Strunk mit Strunke,
daß Du von mir zu scheiden,
von mir Dich ganz zu lösen scheinst?
So muß ich leiden,
daß Du einen andern liebst,
daß Deine Hand in meine Schüssel
sich zum letzten Male tunke,
eh' Du sie jenem andern gibst,
der Dich gewonnen hat
zusamt dem Schlüssel
Deiner Lagerstatt.

*

Seit ich von Kreta kam,
bin ich von andrer Art,
spür' Theseus' Wut
auf jenen trunk'nen Götterflegel,
der ihm, zum Liebesspiel
die Liebste nahm,
auch ich im Blut,
auf meiner Fahrt
mit schwarzem Segel
ohne Ziel.

*

Kretische Maid,
falte Dein Kleid
enger Dir um den Schoß
bei der Schalmei
lockender Melodei!
Bauscht es der Wind,
sind auch geschwind
schon alle Teufel los
und ich dabei.

*

Kretisches Labyrinth,
hältst mir die Seele gefangen
in deiner Finsternis.
Keine ist,
die mir spinnt
den Faden, daran ich gegangen,
eine ist,
die ihn zerriß,
eine, an der ich gehangen
so sehr.
Kretisches Labyrinth,
nicht mehr
läßt du gewiß.

*

Beim Märzenstaub
im Morgenwind,
warst Du mir taub,
warst Du mir blind.
warst Du mir stumm.
Ich bring' mich um,
bist Du mir stumm,
bist Du mir blind,
bist Du mir taub,
beim Abendwind
im Maienlaub.

*

Kommst Du mir je abhanden,
so werde ich zuschanden,
da Du nicht bei mir weilst.

Kommst Du mir je abfüßen,
muß ich unsagbar büßen,
da Du von dannen eilst.

Kommst Du mir je abherzen,
wie soll ich das verschmerzen,
da Du mein Herz zerteilst?

*

Die Zeusgrotte im Idagebirge auf Kreta

Es ist, als ob noch heut
der Felsen weine
über Rheas Not,
der zu gebären
ihr auf hartem Steine
das kalte Dunkel
einer Grotte bot,
da sie halb blind vor Zähren
der Angst gescheut
das zu verräterische Sonnenlicht
wie das Gefunkel
einer Sternennacht,
weil seinem großen Sohne,
nach einem Traumgesicht,
der Vater gar im Mutterschoße grollte,
als stieße bald des Jungen Macht
den Alten von der Götter Throne,
als durchrollte
dessen Donner alle Sphären,
wie in Urzeiten schon
vom ersten Sohn
dem Vater zugedacht.
Wie also kann
mein Sinn,
mein Wort,
daß ich Dein Mann
geworden bin,
geliebtes Weib,
zu unsrem Fleische werden
aus Deinem Leib,
wenn uns auf Erden
der Himmel keinen Ort,
es zu gewähren,
aussersann?

*

Hoch aus dunkelnder Calotte
fallen Tränen
unablässig durch der Grotte
hohles Gähnen
auf den Grund.
Zeitlos triefen
Stalaktiten
ihrer Sehnsucht Regen
still hernieder
nach Begegnung und
es wachsen wieder
aus den Tiefen
Stalagmiten
ihnen eben
still entgegen,
nehmend sich zu geben,
sich zu einen
und die Kluft
zu überwinden,
die auch unsre Seelen
zeitlos ruft,
nicht zu hehlen
ihr geheiligtes Bestreben,
ineinander sich zu weinen,
sich zu finden,
zu verweben,
sich zu binden,
um zu leben.

*

Laß mich Deine Lunge,
für Dich atmend, sein!
Laß mich Deine Zunge,
für Dich sprechend, sein!
Laß mich Deine Augen,
für Dich schauend, sein
oder laß mich taugen,
ich für Dich zu sein!

*

Wie kann ich die Gedanken halten
des Verstandes wider die Vernunft,
daß sie nicht nach Gestalten
eifersüchtigen Verdachts
in bang gewohnter Wiederkunft
des Tags, des Nachts
wie eine giere Meute
grimmer Wölfe spüren,
die heiß erjagte Beute
ohne Gnade zu zerfleischen?
Wie können anders unsre Seelen
des Denkens streunende Dämonen,
die mich in Zweifel führen,
mir den Sinn zerquälen,
in ewige Verbannung heischen,
als daß, verwirrendem Getriebe
alles Fremden sie verhüllt
ganz ineinander wohnen,
allein erfüllt
von ihrer Liebe.

*

Laß, Vater, Deiner Söhne
mich geringsten
wie ein Turm
den Kampf bestehen
für das Gute und das Schöne
und gib, daß vor dem Feuersturm
des Heiligen zerstiebe
mein sündiges Vergehen,
und laß ein großes Pfingsten
wahrer Liebe
mir geschehen!

*

Holdseliges Erbeben
Deines Leibes
ist endlich Dir
gereift
zum Glück.
So greift
zurück
holdseliges Erleben
meines Weibes
jetzt auch nach mir.

*

Entbehrens Fron:
Verzichtes Lohn
des Himmelszelts
ein „Gott vergelt's".
Der Teufel lacht
der Hochzeitsnacht
Gesichtes Hohn.
Welch ein Bedacht
auf Seligkeit
der Ewigkeit?
Wie komm ich bloß
von Deinem Schoß
der Seligkeit
in dieser Zeit
auf Erden los?

*

Quält Dich die Scham,
zu mir zu stehn,
quält mich der Gram,
Dich nicht zu sehn.
Wenn einer kommt,
der drüber lacht,
weil es ihm frommt,
was mir geschehn,
und über Nacht
Dich unbesehn
zur Seinen macht,
will ich vergehn.

*

Entblößt
von Tand
und Plunder,
der Brüste voll
die Hände,
was Wunder,
daß am Ende,
aus langer Haft
erlöst,
erstand
die Manneskraft
und überquoll
aus mir
zu Dir,
die mich erkannt.

*

Das Vielerlei
der Liebelei
ist einerlei
der Diebelei.
Drum bleibe mir
für alle Zeit
solch ein Getu
gestohlen!

Ich liebe zwar
mit Haut und Haar,
doch immerdar,
die treu mir war,
so wie ich ihr,
die eine Maid
vom Kopf bis zu
den Sohlen.

*

Bei mir verweilt,
von mir enteilt,
hast Du in einer Schale,
ungeteilt,
den zweifach schweren Trank
der süßen Bitternis gereicht.
War ich mit einem Male
auch der Tor,
der jenem Mohren gleicht,
der seine Schuldigkeit getan
und gehen muß,
so sage ich doch Dank
bei diesem Schluß,
daß Du zuvor
mich nahmst als Mann.

*

Er hebt den Becher hoch
und lacht
und prostet
und schlürft den Trank,
als küßte er
jetzt eben noch
die Lippen Dir,
als wüßte er
mir späten Dank
für jene Nacht,
da heiß verlangend
er verkostet
Deines Leibes Süße
so sehr
vor mir,
daß umso mehr
ich bangend
um Dich büße,
nicht er.

*

Einst war ich bloß
ein Sklave
Deiner Gnade,
die Dein Schoß
mir bot.
Jetzt schlafe
ich frei und groß
in meiner Lade,
doch -schade!-
auch tot.

*

Hat jemals eines
andern Ritters Herz
Dir, meine hohe Dame,
mehr geloht
als meines,
so senke ich
mein Banner erdenwärts.
Hat jemals eine
Rose rot
Dir mehr geblüht,
als Dir mein Herz
in Liebe glüht,
Du einzig meine
holde Maid,
so denke ich
als Mann
nicht mehr
der Wiederkehr
und auch mein Name
sei fortan
Dir, Maid,
Euch, Dame,
Vergessenheit!

*

Tagebuch 4

Nimm tausend Jahre Dir,
vom Netz der Horen
tausendfach durchsiebt,
um zu ermessen,
daß es einen Toren
wie mich
für Dich
nicht wieder gibt!
Gib tausend Jahre mir,
um zu vergessen,
daß ich
an Dich
mich hab' verloren
ungeliebt!

*

Der Lampe trübes Blaken
macht das Dunkel nicht,
Dich vor der Nacht zu finden,
mir genugsam licht,
auf daß die Fleischerhaken
all der Fragezeichen,
die das Herz mir schinden,
endlich weichen,
ehe es zerbricht.

*

Lag es nur an einem Ring
oder war es zu gering,
was als armer Dichterling
ich statt es zu lieben
ihm nur hab geschrieben,
daß das herzensliebe Ding,
wie von Rauch und Schall
von mir forgetrieben,
nicht bei mir geblieben,
eilig zu dem Andern ging,
der - nicht übertrieben -
gleicher Stunde es umfing,
Knall und Fall
zu lieben?

*

Ein Blümlein weiß ich blühen
im Morgensonnenschein
und viele Bienlein ziehen
um Süße bei ihm ein.

Ein Mägdlein weiß ich stehen
im Silbermondenschein
und viele Bürschlein gehen
um Süße bei ihm ein.

Das Blümlein hat verwahret
sich vor dem falschen Dieb,
die Süße aufgesparet
dem Bienlein nur zulieb.

Das Mägdlein hat verwehret
die Süße keinem Dieb,
so daß nichts unverzehret
am Ende übrig blieb.

O Mägdelein, o Blümlein,
mein Herze um Euch weint:
Der Süße wahrt ein Krümlein
nur dem, der lieb es meint!

*

Hat jemals eines
andern Ritters Herz
Dir, meine hohe Dame,
mehr geloht
als meines,
so senke ich
mein Banner erdenwärts;
Hat jemals eine Rose rot,
Du meine holde Maid,
Dir mehr geblüht,
als Dir mein Herz
in Liebe glüht,
so denke ich
als Mann nicht mehr
der Wiederkehr
und auch mein Name
sei fortan Vergessenheit!

*

Du magst nicht leiden,
daß die Menge gafft,
und kehrst Dich von mir ab.
Lieg ich einmal im Grab,
so hast Du es geschafft
und magst mich meiden.

*

Seit meine Seele,
des wachsenden Verlorenseins
an Dich bewußt,
dem lockenden Befehle
Deines Mundes
halb sich hörig fand
in neuer Lust
an dieser Welt des Scheins,
hast Du mich Tag um Tag,
nach dem Geschick
unnützen Fundes,
der in Staub und Dorn
am schmalen Rand
des Abgrundes lag,
weit schneller
noch als eine Schütte Korn
für einen Heller
mit kaltem Blick
und leichter Hand
vertan,
vertan.

*

Hast Du um die Endgültigkeit
der letzten Fahrt
vorbei an Kap Malea
mich betrogen
und nach der Art
der schönen Galathea
in die Schwülstigkeit
des Sanges der Sirenen
mich gezogen,
als dürfte deren Wissen
ein Fahrensmann
im Wundermeer der Welt
mit seinem Sehnen
nach Unvergänglichkeit
nicht missen,
eh' seines Geistes Schritt,
verschlagen von des Hochmuts Wogen
an seiner Unzulänglichkeit
verkanntem Riff
zerschellt?
In welchem Los
hast Du mich wie Leukothea
mit ihrem Schleier
einst Odysseus, schon
dem Tode nah,
vom allzu schwach
gefügten Floß
ans Land gerettet,
wenn Du, dem leisen Ton
der Klage meiner Leier
taub, in Deinem Schoß
wie einem Liebesnest,
halb gierend, halb gemach,
den früh gewohnten Freier
wohlgeborgen und gebettet
ruhen läßt?

*

Wie war mir bang
vor diesem letzten Sprunge,
ob er mir gelang.
Da ward
in einem Schwunge
von Kopf bis Fuß
voll Liebe zart
ich Mund und Zunge
Dir zu unerlebtem Kuß,
der mir holdselig
keines Endes harrt,
da er Dich ewig
spüren muß.

*

Du stehst
und lachst,
Du gehst
und machst
das Herz mir beben
vor Angst
und wehst
so leichthin fort
aus meinem Leben
wie jenes Wort,
das Du gegeben
und zurückverlangst.
Nimm es und geh!

*

Ich kann Dich nicht
mehr in die Arme nehmen,
wie ich es getan.
Es nimmt Gesicht
und Fleisch und Blut
der fremde Schemen
immer stärker an,
bis er in Deinem Schoße ruht,
wie er es einst getan.
Dann werde ich
für ihn und Dich
zu einem Schemen
mit verlorenem Gesicht
und ohne Fleisch und Blut,
der Dich nicht
mehr in seine Arme nehmen
mag noch kann.

*

Du gehst:
Ich lasse Dich
und lache dumm
Dir hinterdrein.
Du stehst:
Ich fasse Dich
und weine stumm
in mich hinein.

*

Die Augen naß verschwommen
vor Seelenqual,
vor Herzensnot,
schwor ich, es sei
zum letzten Mal,
daß Du so Abschied nahmst.
Als wäre alles Leid vorbei,
weil Du mir wiederkamst,
heiß ich willkommen
Dich mit Salz und Brot;
wenn Du es nicht genommen,
weil es Dir nicht not,
war es mir einerlei?

*

Was zwischen Abschied
und Willkommen
sonst geschieht
und Dir geschah,
das weiß ich nicht.
Jetzt bist Du da
und mein Verstand
verlangt voreingenommen
ungeduldig
Dich vor Gericht,
doch ehe Du noch schuldig
Dich bekannt,
ist Dir schon huldig
Herz und Hand
und ohne Hassen,
obwohl Du mich
an Abgrunds Rand
im Stich
gelassen.

*

Doch, was ich hab,
es ist nicht viel;
ich aber gab
es Dir zulieb
und Du hast es genommen

Dir zum Spiel.
Jetzt aber gib,
verzeih es,
von Dir loszukommen
und sei es
in ein stilles Grab!

*

Dir, Liebste, gab
ich all mein Hab
und Gut
und Herzensblut.
Du hast es angenommen
und gabst mir viel,
doch nur zum Spiel
und nicht zulieb.
Nur eines gib,
was mir
am Ende jede gab,
und sei es auch ins Grab,
von Dir,
Geliebte, loszukommen!

*

Wie hasse ich die Feste
und zu allermeist
die höchster Heiligkeit,
da sich gerade dann
der erste Beste
in geiler Eiligkeit
als ein willkommener Galan
aufs Lotterbett
mit einem Mädchen schmeißt
und als gelehrig es und nett
und sich als stolzen Hahn
im Hennenneste
am Biertisch preist.
Wie hasse ich
die so entweihten Feste
und wann auch Dich?

*

Nur meine Seele wolkt
die Bitternis, allein zu sein,
und immer tiefer kolkt
ihr gierer Strudel
mich in sie hinein.
Da rettet mich
als selbst vermeinten Herrn
der Falschheit Pudel
und kettet mich
an seinen Kern,
der Wahrheit Schein.

*

Mag auch mein Denken
mit dem Fühlen hadern,
es kommen beide
nicht dagegen an.
Ich habe Dich wie Gift
in meinen Adern
und sterbe still daran.

*

Es sei
das leise Wort,
daß ich Dich liebe,
Dir lauter als der Schrei
des andern dort,
in seinem Triebe!

*

Ich wollte Dir die Morgenröte schenken
zum Danke für Dein Traumbild in der Nacht,
da zog die Trübe auf und all mein Denken
an Dich ward in Verwirrung mir gebracht.

Warum kann mir Dein Bild nicht mehr verweilen
in meiner Seele düstrer Einsamkeit,
warum kannst Du das Dunkel nicht zerteilen
mit Deinem Licht in seligem Zuzweit?

*

Kaum daß Du noch des Lebens Trank gekostet,
der Liebe Seligkeit verspüret hast
und Deinen Freunden lachend zugeprostet,
tritt an den Tisch ein ungebet'ner Gast.

Er hat nicht Lippen, um mit Dir zu trinken,
holt aus dem Mantel nur ein Stundenglas
und von der Schulter grinst der Sense Blinken,
als fiel'st Du ihrer Schneide bald zum Fraß.

Dann leere Deinen Becher bis zur Neige,
ein letztes Mal der Liebsten zugesellt,
und wenn er dir zu folgen winkt, so steige
gelöst hinunter in die Schattenwelt!

*

Was, Liebste, wird
aus unsren Seelen,
wenn einmal zwischen
den kalten Stelen
unsrer frischen
Gräber die Sehnsucht irrt,
nachdem wir diese uns're Zeit
an die Unwiederbringlichkeit
des Gestrigen vergeben,
statt all das Glück
das Jetzt und Hier
so fest zu fassen
und Leib an Leib
ohne Begier
nach dem Zurück
als Mann und Weib
uns ineinander so zu passen,
daß wir ewig leben?

*

Was frage ich,
vor Gram
empört,
daß Deine Scham
und Scheu er längst bezwang,
was klage ich,
daß Deinen Schrei
der Last er längst gehört,
bevor ich noch,
wie er betört,
Dir nahe kam
und doch
an Dir vorbei?

*

Wenn auch mein Schrei
Dir noch so sehr
ein grimmiges „Vorbei"
in Herz und Seele schrillt,
bewahre mir die Treue
und halte doch
mit Hand und Mund
mich fester noch,
Geliebte, und
erspare mir die Reue
der Wiederkehr!

*

Du hast so zart,
so rein,
so hehr,
die Seele mir
vor Deinem Leibe
offenbart.
So fehle mir
nie mehr
und bleibe
so zart,
so rein,
so hehr
und mein!

*

Ich liebe Dich
und harre Dein,
mit Leib und Seele
ewig nur
der Deine.

Du, liebe mich
und harre mein,
mit Leib und Seele
ewig nur
die Meine!

*

Du bist gegangen
ohne Wink und Wort
und seither ist,
als ob in meiner Brust
so maßlos fort und fort
vor Leid und Lust
mir Leib und Seele sich zerwürfen,
daß das Verlangen
mir nach Dir
das Herz zerreißt.
Du hättest niemals mir
begegnen dürfen.

*

In schwerer Nacht
hab ich geträumt,
ich sei, so überschäumt
von einer Woge
riesengroß,
dahingetrieben,
daß ich, auch erwacht
noch ganz benommen,
aus ihrem Soge,
dich zu lieben,
nicht mehr los
kann kommen.

*

Kalt gitterst Du
vor meinem Kosen
Dein Fühlen ab.

Bald zitterst Du
vor Herbstzeitlosen
an meinem Grab.

*

Mein Herz hat Dich gesucht
und Dich erkoren,
als es Dich fand,
doch augenblicks
Dich schon verloren
an den Verstand
mit seinen Fragen,
die so grausam bohren.
So bin ich denn verflucht
unseligen Geschicks,
Geliebte, Deiner zu entsagen.

*

Rot ist nicht rot,
wie meine Liebe blüht;
tot ist nicht tot,
wenn sie einmal verglüht.

*

Ich bin zu wach,
um noch einmal zu träumen
von Dir
so wundersam.

Ich bin zu schwach,
mich gegen den zu bäumen,
der mir
Dich, Liebste, nahm.

*

Wo war Dein Bangen,
als sein Verlangen
Dich aufs Lager warf?

Was soll Dein Bangen,
wenn Dein Verlangen
meiner nicht bedarf?

*

Wär' ich erlöst,
wenn durch die heile Fläche
Deiner zarten Haut,
die ich berührt,
die ich geschaut,
die mich gespürt,
in die noch nie erreichte Tiefe
Deiner Mädchenheit
all meine Mannheit bräche?
Wenn Deine Seele
nach der meinen riefe,
wenn meine Seele
in der Deinen schliefe,
in Ewigkeit
wär ich erlöst.

*

Ich habe Deinem Leib
zuliebe
meine Triebe,
wie stark gewillt
sie auch gewesen,
wie mich als Mann
zu einem Weib
erweicht.
Wie lange kann
an Deinem Bild
ich noch genesen,
wenn es, wie mir die Manneskraft
der schmerzende Verzicht entrafft,
erbleicht?

*

Es hat Dein Eilen
nach dem Genuß
der Zärtlichkeit
mir kaum Verweilen
zum Abschiedskuß
vergönnt.
So sei zum Schluß
Willfährigkeit
verhöhnt!

*

Ich, Liebste, weiche
nicht einem
der Rivalen,
wer es auch sei,
wenn Du mich liebst,
doch Du vergleiche
mich keinem
mehr von allen,
wer es auch sei,
dem Du Dich gibst!

*

Es war nach Dir der Suche
eine lange Zeit,
doch als ich Dich gefunden,
warst Du keine,
die, schon bereit
und mir gewogen,
mich erwartet hat,
und hast mich wie ein leeres Blatt,
im vielbenutzten Buche
der Verehrer sinnlos eingebunden,
so lässig überflogen
wie nur eine,
die sich übersatt
daran gelesen hat.

*

Ich habe Dich geliebt
mit Leib und Seele.
Wenn ich Dich sah,
gewahrte ich
den Himmel offen.
Bevor Du gingst
und ihm anhingst,
bewahrte ich
mein ganzes Hoffen,
daß Du mir nah.
Mit Leib und Seele
hab' ich Dich geliebt.

*

Von der Erinnerung gequält,
daß ich verlassen,
die ich einst erwählt
als Liebste mir,
hab' ich, mich selbst zu fassen,
Dir oft und viel erzählt
von ihr;
zu oft,
zu viel,
als daß mir unverhofft
ihr Bild in Dir gefiel.
Ob ich
auch Dich
verlassen
muß und will?

*

Mit lieben Worten machte ich
Dir meine Seele ganz zu eigen
und war Dir gut.

Dein stolzer Mund verlachte mich.
Doch muß ich ewig Dir verschweigen,
wie weh das tut.

*

Wenn ich Dein vergäße,
welch ein Glück:
Ich wäre frei!

Wenn es mich auch fräße
Stück für Stück,
es wär' vorbei.

Wegwarte,
du blaust,
als gäbe es die Treue noch.

Wegwarte,
du traust?
Die Arge liebt das Neue doch.

Wegwarte,
du taust
die Tränen ihrer Reue noch.

*

Scheinst du,
Seele,
dich zu freuen,
daß du zu der Liebsten
siehst?

Weinst Du,
Seele,
im Bereuen,
daß du von der Liebsten
fliehst?

*

Wie soll ich noch gewahren
meines Lebens Sinn?
Was wir einander waren,
starb zu früh dahin.
Du schlugst mir mitten
ins Gesicht.
War ich gelitten,
weißt Du nicht
und sollst es nie erfahren.
Könnte ich Dich hassen
bis aufs Blut,
wenn Du mich verlassen,
könnte ich Dich lieben
gleicher Glut,
wenn Du mir geblieben?

*

Ließe sich die Fehle
an ihrer Spur
erkennen,
müßte Deine Seele
an ihrem Schwur
verbrennen
und die Totenstele
mit Wehmut nur
mich nennen.

*

Wie sich die Sonne
an die Erde drängt
mit ihrer Strahlen Wonne,
sie wärmend zu beleben,
begehret meine Manneskraft,
in Deines Leibes Mitte
eingezwängt
in süßer Haft,
daß Deine Seele freudig litte,
wenn wir, dem Raume
und der Zeit entrafft,
uns wie im Traume
ineinander geben.

*

Waldweidenröschen,
leidest du gern
der linden Lüfte Kosen?

Waldweidenröschen,
meidest du gern
der rauhen Winde Tosen?

Waldweidenröschen,
scheidest du gern
vor blassen Herbstzeitlosen?

*

Vergißmeinnicht,
aus deinen blauen
Augensternen
seh' ich die Morgentränen tauen,
eben wie,
Vergißmeinnicht,
ich nach meiner allzufernen
Liebsten muß mit Tränen schauen,
hoffend, sie
vergißt mein nicht.

*

Wann der Sommer geht,
Dir, Geliebte, schon das Laub
mit der bunten Farbe
vor dem Fall verrät.
Sei des Herbstes Ruf nicht taub,
ernte all die Fülle
holden Glücks,
daß Dein Herz nicht darbe
ohne seiner Liebe Hülle
und nicht beide
Winters Kühle
zu dem Neide
des Geschicks!

*

Seit jener Stunde,
da Du von mir gingst,
umzanken
wie wilde Hunde
beißende Gedanken
meine Herzenswunde,
ob Du mit zarten Armen
den Andern nicht
schon längst umschlingst,
im Angesicht
nicht eine Spur Erbarmen
mit mir, der jüngst
noch darin ruhte,
derweilen jetzt,
von grimmigen Gedanken
todesmatt gehetzt,
aus Liebe ich
um Dich,
nur Dich,
verblute.

*

Sag' mir, Geliebte: „Was
ist mit uns beiden geschehen?
Soll uns der Sommer
wirklich vergehen,
unser Sommer,
ganz ohne daß
unsere Spuren zu sehen
im Gras?
Wird mit dem Sommer
unsere Liebe verwehen?"
Sag' mir, Geliebte, das!

*

Warum
hab' ich
die Stunden
ausgewählt,
die nie begonnen?
Warum
hab' ich
um Stunden
mich gequält,
die schon zerronnen?

Warum
hab' ich
die Stunden
nicht gezählt,
die ich gewonnen
durch Dich?
Warum?

*

Es wär' ein Wandern
ohne Sinn und Ziel,
wenn Du mir fehltest,
wenn Du erwähltest
Dir einen andern,
der Dir mehr gefiel'
als ich.
Das wär' ein Wandern
ohne Dich.

*

Nulla unda
tam profunda,
quam amorem sentio.
Potest mare
Tibi dare
plus quam cordis mentio?

Nullum fretum
tam completum
aquis sic explanat se,
ut affectus
plenum pectus
sine fine amat Te.

*

Sind es die Triebe,
die mich übermannt,
ist es die Liebe,
die ich nie empfand,
daß, schier entsetzt,
mir der Verstand
zum Himmel jetzt
emporschreit,
indes das Herz
das Loblied seiner Torheit
nicht minder himmelwärts
um Deinetwillen singt,
um Deinetwillen fast zerspringt.
Ich gäbe tausendfach Verstände
um diese eine
Liebe her,
wenn ich auch Deine
Liebe fände
und ihrer nie ein Ende wär!

*

Es wächst in meiner Brust ein heißes Sehnen
nach Deiner Stimme, Blick und Kuß und Schoß,
könnte ich Dich noch ganz mein Eigen wähnen,
ich trüge leichter unsrer Trennung Los.

So schau' ich morgens noch des Himmels
Norden,
des Tags, des Nachts bei der Gestirne Schein
und hoffe, Du gedenkst, so mein geworden
Du bist, auch meiner, der geworden Dein.

*

Gestern war das Herz mir schwer,
gestern war das Herz mir leer,
sterben möchte' es heute...
Morgen singt es,
morgen springt es,
voll der Freude
über Deine Wiederkehr.

*

Meer,
gewaltiges Meer,
wenn du den Leib
meiner Liebsten umspülst,
sorgsamer treib'
deine Wellen daher,
linder des Windes Hauch!
Anders fühlst
ihre Seele auch
Du nicht mehr.

*

Liebste,
wie sehr,
Liebste,
wie neide ich
Winden und Meer,
ganz zu umhüllen Dich,
ganz zu befühlen Dich!
Liebste,
wie leide ich,
Liebste,
wie sehr!

*

Ist es nicht so,
daß ich trotz tausend Sonnen,
wenn Du mir fern,
den Weg nicht finden kann?
Ein Gott sei froh,
wenn Du, ihm wohlgesonnen,
ihn statt als Herrn
Dir nimmst zum Untertan!
Wie bin ich froh,
daß mich, trotz tausend Wonnen
die er Dir gern
als Gott zu schenken sann,
als Menschen so
nicht Knecht noch Mann,
Dein Herz begreifen kann.

*

Rausche mir, Muschel,
Tochter des Meers,
die alte Ballade!
Lausch' ich dir, Muschel,
halben Gehörs,
denk' ich der Liebsten mein
und der Najade
gellender Pein,
als Poseidons Dreizack sie stach,
bis Poseidons Mannheit sie brach
ohne Gnade.
Kommet die Liebste mein
einmal zum Bade
ans lockende Meer,
soll sie nicht sein
ohne Wehr.
Muschel, dann rausche,
Tochter des Meers,
daß sie dir lausche
vollen Gehörs.

*

Es stand
am Rand
des Meeres
ein leeres
Haus.

Ein Gott
gebot
vom Meere
der Leere:
„Raus!“

Er brüllte
und füllte
mit Schwere
die Leere
aus.

*

Abendgebet

Du weißt, o Herr, daß ich den Tag verloren,
daß ich nicht Gutes tat nach Deinem Sinn.
Weißt Du auch, daß der Tag, da ich, die still erkoren
sich meine Seele hat, nicht sah, für mich verloren,
wie ich's für Dich und sie und für das Gute bin?
Doch laß, o Herr, bei allem Heiligen beschworen,
mich jedes Leid ertragen, das ihr zugedacht,
doch sie, und sei sie mir in Ewigkeit verloren,
in Deiner Hut zu einem neuen Tag geboren,
den sanften Schlummer finden einer guten
Nacht!

*

Schuld und Sühne

Jäh fühl ich wieder, wie mir in die Schläfe
vor meinem Leben grause Bangnis fällt,
und niemand ist, daß sie so kalt nicht träfe,
der fest und warm mich in den Armen hält.

Wann sei's geklagt, daß dieser Bangnis' Fallen
in meine Seele nicht mehr jene wehrt,
die ich geliebt wie keine noch von allen
und doch in ihrer Seele hab' so tief versehrt?

So hoffe weiter denn, du grauses Bangen,
daß ich verlieren könnt', was nicht mehr mein,
statt Lebenslust und inniges Verlangen,
in meiner Seele Wunden tief hinein!

*

Tagebuch 5

Alle Lust will Ewigkeit ...
Nein! Und tausendfach verneinet!
Alle Lust will Ewigkeit ...
und bedarf doch einer Wende.
Alle Lust will Ewigkeit ...
doch sie geht, eh' Du's vermeinet.
Alle Lust will Ewigkeit ...
doch sie bleibt nur, wo sie einet.
Alle Lust will Ewigkeit ...
lebt im „Nimm!“ und stirbt im „Spende!“
Alle Lust will Ewigkeit ...
im Beginn wie auch im Ende.

*

Warum ließest Du
das heilige Bedürfnis
meiner Seele unerhört,
warum stießest Du
sie fort in das Zerwürfnis,
das auch meinen Leib zerstört?

*

Laß mich eine Hütte bauen
vor der Nacht,
wenn den Tag vom Morgengrauen
wir verbracht!
Dich im Schlafe anzuschauen,
lieb bedacht,
laß mich eine Hütte bauen
vor der Nacht!

*

Gib meinem Denken
freieres Spiel,
bis mir bewußt,
daß Dein Dich-Schenken
an fremde Lust
Dir nicht gefiel!
Gib meinem Denken
sicheres Ziel!

*

Ist auch des Sommers Garten
mit tausend Blüten aufgetan,
Du siehst den bunten Arten,
wenn du sehen kannst,
schon lange an,
daß die den Tod erwarten,
den auch Du erahnst,
noch eh' der Herbst begann.

*

Tränen sollten mir rinnen
so sehr
wie über die Scheiben
der Regen, der
alle Konturen
draußen zerstört,
damit auch mir
im Herzen drinnen
nicht mehr
die Bilder bleiben
und all' die Spuren
des Weges mit ihr,
der ich gehört.

*

Muschel, Kind
aus dem wogenden Meer,
rausche die alte Weise
vor der Liebe, die schäumend beginnt
und im ewigen Hin und Her
wie die Welle kommt und zerrinnt,
rausche das Lied in der Liebsten Gehör
und versinke schweigend und leise
wieder im wogenden Meer.

*

Ich war verloren,
eh' Du kamst,
zum Gotterbarmen
ohne Sinn und Glück.

Ich bin geboren,
seit Du nahmst
in Deinen Armen
mich in ein „Zurück“.

*

Um eine letzte
Antwort sei gebeten,
eh' ich gehe,
auf die letzte Frage,
warum im steten
Wechseln Wohl und Wehe
Dich ergötzte,
daß Du mich am Tage
um Dich werben
ließest,
doch mich sterben
hießest,
wenn meiner Seele
Nacht begann.
Wenn meine Treue
Dein Herz zu prüfen sann,
dann scheue
die Antwort nie
und nimmer,
wenn nicht verhehle
für immer
sie!

*

Laß mich,
der ich
auf Erden hier
nichts mehr habe,
heiliger Liebe lodern
zu Dir
oder im Grabe
vermodern!

*

Tausend Sonnen
entflammen
in himmlischer Pracht
wonniglich.

Tausend Sonnen
zusammen
verdunkelt die Nacht
ohne Dich.

*

Vor Sehnsucht krank
und matt
vor Pein,
auf wunden Knien, krumm,
schlang die Brosamen
Deiner Gunst ich ein,
auf spröden Lippen Deinen Namen,
doch einmal werde stumm
und Bettelns satt
ich sein
und ohne Dank.

*

Endlos wehen
Schatten der Erinnerung
durch die Lande
meiner Seele,
zwängen,
drängen
sich am Rande
zwischen Schein
und Wirklichkeit
um die engen,
allzu engen Pfähle
einer Grenze
zum Geschehen
jener Zeit
der holden Lenze,
da wir jung
für uns allein.

*

Dich in des einen
oder andern Arm
geschmiegt zu wähnen,
ist mein größter Harm.
Doch weinen
will ich meine Tränen
tief in mich hinein,
damit Du sie nicht siehst
und nicht mein Los,
allein zu sein,
wenn Du in Deinem Schoß
wen immer ziehst.

*

Maienblüten flocht
ich Dir ins Haar
und liebkoste Deine Wangen,
doch Du bist von mir gegangen,
wurdest nicht gewahr,
wie ich Dich gemocht.

*

Es liegt in meiner Seele
dunklem Land
ein stiller Hain
und mitten innen
über einem Grabe
ein Hügel aufgehäuft,
und von dem Rain
des Haines läuft
um dieses Hügels Stele
unverwandt,
wie um die letzte Habe,
die ich mein genannt,
in stetem Kreis
herum
mein ganzes Sinnen,
und niemand weiß
als Du allein,
warum.

*

Laß mich Dich nie
besitzen unter Zwang!
Denn ich verzieh,
daß es gelang,
Dir nie.

*

Junkerlein, schau seitenwärts,
denn die Fräulein kommt geschritten1
Hast genug um es gelitten;
Junkerlein, schließ zu dein Herz!
Ist es erst einmal dir mitten
durch das Herz hindurchgeschritten,
bleibt darin dir nichts als Schmerz.

*

Ich habe keine Bleibe
vor dem Winter mehr.
Seitdem ich hinter der
getrübten Fensterscheibe
einen fremden Schatten
Dich umarmen sah,
ist meine Seele leer
von allem, was wir hatten,
als der Sommer da.

*

Vor dem Abenddämmern
die Angst zu lindern,
wird von Schafen
und zarten Lämmern,
von Feen und Zwergen
weinenden Kindern
leise erzählt.
Wo aber kann
zu schlafen
meine Seele sich bergen
irgendwann
einmal ungequält?

*

In Deinem Paradies
magst eines Andern Du harren,
wenn Du im Blättervlies
Dich ergehst.
Jenseits von Eden
werde ich lachen
über Dich
und jeden,
den Du zum Narren
zu machen
verstehst
wie mich.

*

Laß mich gelind
das Haar Dir nur
mit zarten Blicken
einmal noch durchfächeln
wie der Sommerwind!
Dann will ich danken
für Dein letztes Lächeln
und ohne Schwanken
mich in den Abschied schicken
und ohne der Berührung Spur.

*

Tausend Meilen
Weges zu gehen,
ohne zu kennen ein Ziel,
wer will das schon?
Ich würde zwei
und weiter noch viel
Tausende eilen,
wäre mein Lohn,
endlich zu sehen
vor allem mich frei,
was Dir geschehen
uns beiden zum Hohn.

*

Du siehst,
die Blätter färben
sich in bunter Pracht
schon überall.
Hast Du bedacht,
daß dies nichts ist
als stilles Werben
um ein wenig Frist
vor ihrem Fall?

*

Du tröpfeltest so sacht
in meine Seele ein
wie Schierlingsgift
und hast gebracht
halb Pein,
halb Süße.
Was mich auch trifft
von all den Dingen
dieser Welt,
ich büße
alle jede Stund'
bei Tag und Nacht
und ohne Reue
wenn nur Dein Mund
mir nichts erzählt
von gold'nen Ringen
mehr und Treue.

*

Ich habe dem Sturm
meine Seele weit aufgetan,
daß er dem alten Turm
meiner Liebe zu Dir
zertrümmern kann.
Ich bat den Regen,
daß er in mir
Dein Bild verwische,
während, mir selbst entgegen,
in der Seele tiefster Nische
Dein Bild zu hegen,
ich neu begann.

*

Laß meine Seele eine Laute sein
in Deinen Händen!
Du magst die Saiten rühren,
daß sie klingen,
daß sie schrein,
doch solltest Du das Spiel beenden,
wär's nur Schein,
eh' sie es spüren
und zerspringen.

*

Ungeborgen fliehen Vogelstimmen
aus noch halb belaubtem Baum und Strauch,
wenn der Blätter Flammen blaß verglimmen
in des Herbstes frühem Schattenhauch.

Hülle Deiner Seele wärmstes Linnen
um das Liebste, das Dir zubedacht,
voll der Hoffnung auf ein Neubeginnen
nach der Kälte einer Winternacht!

*

Wär' ich ein Baum,
zu süßem Traum
im Schatten Dich zu laden,

wär ich ein Quell,
so silberhell,
Dich tief in mir zu baden,

wär ich ein Licht,
Dein Angesicht
behutsam zu umleuchten,

wär ich ein Trank,
mit tausend Dank
die Lippen Dir zu feuchten,

ob Quell, ob Baum,
es ist nur Traum,
daß ich Dich ganz besessen,
ob Trank, ob Licht,
nur im Verzicht
kann ich Dein Bild vergessen.

*

Die Wiese lag im Zauberschein
von weißen Margariten.
Ich bettete Dich gern darein,
doch Du hast's nicht gelitten.

Die Wiese liegt verlassen nun
und traurig, daß wir scheiden.
Und wolltest Du mit mir da ruhn,
würd' ich es nicht mehr leiden.

*

Herbstzeitlose,
wie hasse ich dich,
Herbstzeitlose,
wie fasse ich Dich
ohne Verstand
und Sinn!

Herbstzeitlose,
ich reiße dich aus,
Herbstzeitlose,
und spüre voll Graus,
daß ich verwandt
dir bin.

*

Wäre ich ein schwankes Rohr,
wär' ich's gern in Deinen Händen.
Wenn an Dich sie fest mich bänden,
wüchse ich an Dir empor.

Kaum gedacht: als schwankes Rohr
hältst Du mich in schwachen Händen
und wie aus sterilen Sänden
wachse ich nicht mehr empor.

*

Des Himmels Gabe
ist der gold'ne Wein,
doch meine Labe
ist er nicht allein:
Die liebste Habe
ist mein Mägdelein.

*

Die Wälder hallen
wider vom Schlagen
wehrloser Bäume,
die ächzend fallen,
wenn an grauen Tagen
die Nebel wallen
über das Herbstgefild.
Doch meine Träume
wahren Dein Bild.

*

Wein, so golden,
wär' doch gemein
die Runterschlürfigkeit
mit dir
auch meinem holden
Mägdelein,
so wie Euch zwei'n
die Unterwürfigkeit
gemein
an mir!

*

Solange, gold'ner Wein,
bei himmlischem Genuß
in dir sich mein Gesicht bespiegelt,
bin ich dein.
Doch wenn mein Mägdelein
mit süßem Kuß
die Lippen mir versiegelt,
bin ich sein.

*

Wie hab' ich mich gesträubt,
bei Dir zu liegen!
Jetzt liege ich, betäubt
vor Pein,
an Dich mich nicht mehr zart zu schmiegen,
und meine Hände fassen
in ein Nichts hinein:
Dein Platz verwaist.
Jetzt weiß ich, was es heißt
verlassen
und allein
zu sein.

*

Abendwind,
Fährmann trüber
Gedanken,
woran ich kranken
und sterben muß,
Abendwind,
hol' über,
über den Fluß
der Vergessenheit,
ehe die Nacht beginnt,
die uns entzweit!

*

Wie lang noch wird es sein,
daß ich Dich seh',
Herzliebste mein,
daß ich von grüner Flur
ein Blümelein
Dir schenke?
Da ich's bedenke,
fällt ein Schnee
aus uns're Spur:
Ade, ade ...

*

Den Augen leugnet nicht das Laub,
daß bald es fällt.
Der Krähen Schrei
durch kahle Fluren gellt.
Stellst Du Dich taub,
stellst Du Dich blind,
'ʼs ist einerlei:
Dein Herbst beginnt,
Dein eigner Fall;
Dein Sommer ist vorbei,
Du holst ihn nicht zurück;
Dein Jahr zerrinnt
und all, ja, all
Dein Glück.

*

Irgendwann
hebet ein Abschied an,
irgendwann
folgt eine Wiederkehr,
irgendwann
dazwischen
zu Liebe und Leide
vermischen
sich beide
immer mehr.
Doch sodann
dazwischen
irgendwann
bleibt es leer.

*

Wer glaubt,
wenn er die Rose sieht,
wie sie im Sommer lodert,
daß sie der Herbst zu Boden zieht,
im Winter sie vermodert,
zerstaubt?

*

Der Herbstwind bläst
ein müdes Blatt
aus dem Geäst
auf meinen Pfad.

Ein Hüpfchen Flug,
dann liegt es still
und weich genug,
da's schlafen will.

Ich halte ein
den raschen Schritt
und, könnt' es sein,
ich schliefe mit.

*

Denk' Dein ich, Liebste, in der Nacht,
so bin ich um den Schlaf gebracht.
Gern bin ich um den Schlaf gebracht,
denk' Dein' ich, Liebste, in der Nacht.

Denkst mein Du, Liebste, in der Nacht,
dann sei um Deinen Schlaf gebracht,
bis Du an mich als den gedacht,
der Dein' gedenkt bei Tag und Nacht!

*

Wirf mich ins Meer!
Ich bleibe Feuer
für Dich.
Für mich,
bleibst Du so teuer
wie nie wo wer.

*

Tagebuch 6

Du warst ein Sonnenaufgang
über meiner Seele Teich,
die, einer Lotusknospe gleich,
die Wärme Deines Lichts
so zart empfand,
daß sie zur Blüte aufsprang,
um Dein Licht zu trinken
und an des Abends Rand
mit Dir ins Nichts
hinabzusinken.

*

Noch wirbelt meinem Schritt
ein loses Blatt
ein wenig mit,
dann liegt es matt,
erstickt von meinem Tritt.
Und wie in Bitternis
darüber folgen
nur von Baum und Hecken
seine Laubgeschwister nach
in dichten Wolken,
so, als seien sie gewiß,
daß, wie ein Teppich bunt gewirkt,
sie ganz gemach
bald einen Hügel decken,
der mich birgt.

*

Deute mir an,
verlorenes Blatt,
wer dich so weggeworfen hat!
Ob es nicht gar
die gleiche war,
die es auch mir getan?

*

Verlieren will ich mich
in Dich,
um neu zu finden
wieder mich
und neu zu binden
mich an Dich.

*

Die Einsamkeit
geht Schritt für Schritt,
wie rasch ich schreibe,
an meiner Seite
endlos mit
und schattengleich.

Geht Ritt für Ritt,
wie weit ich reite,
an meiner Seite
die Einsamkeit
am Ende mit
ins Schattenreich?

*

Lauschtest meinem Saitenspiele,
Liebste, lauschtest oft;
tatest so, als ob's gefiele,
weil ich es erhofft.

Nimmer will ich es Dir bringen
liebend zu Gehör.
Mit der Saiten letztem Klingen
schlägt mein Herz nicht mehr.

Da ich nimmer wiederkehre
und die Leier brach,
lausche nie in Nacht und Leere
meinem Spiele nach!

*

Ich hatt' einen Kameraden,
einen beß'ren find'st Du nit.
Die Kugel, mir geladen,
sie nahm ihn ohne Gnaden
von meiner Seite mit.

Hätt' Dich zum Kameraden,
einen beß'ren sucht ich nit.
Die Kugel, Dir geladen,
sie nähm mit Gottes Gnaden
uns Seit' an Seite mit.

*

So feuerfarben
von des Herbstes Glut
fiel noch kein Blatt
von allen denen,
die in Nichts verdarben,
je vor Deinen Schritt,
wie meine Seele all ihr Sehnen,
das um Dich sie litt,
mit meines Herzens Blut
besiegelt hat,
so lieb, so gut,
noch unter Deinem Tritt.

*

Wie lange leide ich,
nicht in den Fluß zu steigen
auf jener schmalen Furt,
die ohne Wiederkehr?
Wagt dort die Weide sich
mit ihren Zweigen,
lang und blätterleer
nicht in die Flut zu neigen?
Da weiß ich: Die Geburt
war nicht so mein,
wie mir zu eigen
der Tod wird sein,
doch Du nicht mehr.

*

Es ist ums Licht
der Kerzen im Advent
ein seltsam' Ding,
als müßte jegliches verharren,
daß es nicht
schon vor der Zeit,
da in der Fichtenzweige Ring
das letzte angezündet,
niederbrennt.
Doch meine Augen starren,
tränenleer
in eine Dunkelheit,
aus der,
die von mir ging,
mir keine Wiederkehr
verkündet.

*

Könnte ich zu einem Wort
auf meinen Lippen
irgendwann Dich machen,
daß ich dann zu jeder Zeit
an jedem Ort
gleich leid geword'nen Sachen
könnte in die Abgeschiedenheit
Dich lässig schnippen,
hielt' ich doch Dich fest
mit meinem Denken,
meinem Sinnen,
heilig zart
Dich zu umschweifen,
bis Dein Dich-mir-Schenken
an mein Minnen
mich des Glückes Gegenwart
begreifen läßt,
begreifen!

*

Es will meine Seel',
daß ich mich stell',
Geliebte, Dir zur Seiten,
Dich Tag und Nacht,
mit Lieb' bedacht,
des Weges zu geleiten.

Der Sonne Glanz,
der Blumen Kranz,
die sollen für mich werben.
Laß mich erstehn,
in Dich vergehn,
Dir leben und Dir sterben!

Es will mein Seel',
daß ich mich stell,
Geliebte, Dir zur Seiten,
von Gott und Welt
Dir treu gesellt
in alle Ewigkeiten.

Tagebuch 7

Decimus Magnus Ausonius
Mosella

Fahrt über den Hunsrück von Bingen nach Neumagen an der Mosel
Als sie der Nebel noch barg, überschritt ich die hurtige Nahe,
Staunenden Blicks auf die neuen Gebäude um Bingens Altstadt,
Dort, wo Gallien einst ein „Römisches Cannae" ereilte,
Unbeweint und machtlos die Scharen die Felder bedecken.
Weiter nehm' ich den einsamen Gang durch weglose Waldung
Und ich erschaue keinerlei Spuren menschlichen Lebens,
Eile vorbei, wo der Boden allerorts dürstet, am trock'nen
Denzen, vorbei an Bernkastel, bewässert durch stetige Quellen,
Und an Fluren, erst jüngst sarmatischen Siedlern verliehen.
Endlich erblicke ich auch der Belger erste Gebiete,
Neumagen, Konstantins, des erlauchten, berühmtes Lager.
Reiner weht hier auf den Fluren die Luft und die heitere Sonne
Öffnet bereits mit freundlichen Strahlen den purpurnen Himmel.
Dort, wo durch wechselnde Schlingen sich wirr das Gezweige verknüpfet,
Sucht man nicht mehr den Himmel, von grünlicher Dämm'rung verhüllet,
Sondern die Blicke in strahlendem Glanz und leuchtenden Äther
Trübet nicht das freie Gelüfte des lieblichen Tages.
Drauf an das Bild meiner Heimat und an das glanzvolle Leben
Fern in Bordeaux erinnert mich alles mit schmeichelndem Anblick:
Aufwärtsragende Giebel der Villen auf hangenden Ufern,
Hügel, von Reben umgrünt, und die anmutig fließenden Wasser
Der mit heimlichem Rauschen darunter gleitenden Mosel.

Begrüßung und Beschreibung der Mosel
Strom, sei gegrüßet, gepriesen ob deiner Flur, deiner Menschen,
Da, dem die Belger Bauten verdanken, zu herrschen gewürdigt,
Strom, umpflanzt mit der duftigen Frucht weintragender Höhen,
Tiefgrüner Strom, umsäumet von gräserschwellenden Ufern!
Schiffstragend gleichst du dem Meer und, stürzend in fallenden Wassern,
Eilest du gleich einem Fluß, ahmst Seen durch gläserne Tiefe
Nach und die Bäche vermagst du durch schlängelnden Lauf zu erreichen,
Zu übertreffen die tiefkühlen Quellen in schimmerndem Trunke.
Alles vereinst du allein, was Quelle, was Bächlein, was Strom und
See besitzen und Meer, das in doppelter Strömung dahinwallt.
Gleitend mit ruhigen Wassern, brauchst du das Getöse des Sturmes
Nicht zu bestehn, noch irgend das Hemmnis verborgener Riffe.
Du wirst auch nicht mit schäumenden Fluten in reißende Strömung
Eingezwängt, noch hemmen die, mitten den Wassern entragend,
Bänke den Lauf, auf daß keine Insel des rechtlichen Namens

Ehre die schmälere, wenn die verdrängte Flut sie zerteilet.
Dir sind zweifache Bahnen beschieden, bald wenn du stromabwärts
Fließest, so daß die emsigen Ruder Wogen aufwirbeln,
Bald, wenn den Ufern entlang, wo nirgends das Schlepptau erschlaffet,
Mit ihren Nacken die Schiffer die Stränge der Mastbäume spannen;
Wie oft wunderst du selbst dich des eigenen Rücklaufs im Strom und
Wähnst die gewohnte Strömung - fast noch zu säumigen Laufes!
Weder umwebt deine Ufer das schlammentwuchernde Schilfrohr,
Noch überspülest du träg das Gestade mit greulichem Schmutze,
Bis dicht zum Saum deiner Wasser Trockenheit zeigen die Spuren.
Eil' nun! Aus Phrygien streu' auf geglättetem Grund Mosaiken,
Marmelsteinernen Grund im betäfelten Atrium breitend!
Ich indessen, verachtend, was Reichtum und Schätze verliehen,
Schaue bewundernd das Werk der Natur, wo kein Eifer der Prasser,
Sondern wo, froh gar der Opfer, auch ausgelassen die Not ist.
Hier bedecken die feuchten Gestade fast haftende Sande
Und die Spuren darauf bewahren nicht dauernde Formen.
Durch den geglätteten Spiegel erschaut man die gläserne Tiefe,
Strom, da ohne Geheimnisse; so wie das holde Gewölke
Sich durch den offenen Einlaß den strahlenden Blicken erschließet
Und wie gefällige Winde den Augen den Luftraum nicht wehren,
Also erspähn wir die fernen Gründe mit forschendem Blicke
Und es schwebet zum Licht der dunkelnden Tiefe Geheimnis,
Wenn die Fluten sänfteln und lieblicher Wellen Gegleite
Durch die Bläue des Tags rings dämmernde Formen enträtselt.
Hier kräuselt loser Sand sich, gefurcht von dem leichten Geströme,
Dort neigen schlängelnde Gräser sich grünlich bewachsenem Boden;
Stetshin lassen die Pflanzen, im schimmernden Flutschwalle treibend,
Zitternd die Wallung über sich rauschen, bald birgt sich, bald blitzt ein
Steinchen wo auf und der Kieses wechselt im grünlichen Moose.
Den kaledonischen Briten zeigt dies allerorts das Gestade,
Wenn die Ebbe die grünenden Tange und roten Korallen
Bloßspült und Knospen der Muscheln, Perlen von weißlichem Schimmer,
Freuden der Menschen, und unter den Reichtum bergenden Wellen
Ähneln sie unserem Schmucke, den nachgebildeten Ketten.
Anders enthüllet im fröhlichen Wasser der ruhigen Mosel
Nicht das Bunt der Gewächse die rings verstreuten Gesteine.

Die Fische der Mosel

Doch die stetig angespannt schauenden Augen ermüden
Durch ihr Schnellen die spielenden Fische, die schlüpfrigen Scharen.
Aber jegliche Art und ihr schräghin schnellendes Schwimmen,
Alle die Züge, die wider die Strömung sich sträubend bewegen,

Und ihre Namen, die Sprößlinge all des zahlreichen Stammes
Darf ich nicht nennen: Jenem mißfällt's, dem ihr fröhliches Dasein
Angelegen ist wie des Dreizacks Beherrschung im Meere.
Nymphe, des Flusses Gestade bewohnend, ermunt're mir jetzto
Schuppige Scharen zum Reigenspiele im schimmernden Bette,
Deute mir die in der Bläue des Stromes sich tummelnde Schwärme!
Über den grasigen Sanden erschillert der schuppige Kaulkopf,
Überaus weichlich im Fleische, doch so voller Gräten starrend,
Daß er zum Mahle nicht länger als zweimal drei Stunden genießbar.
Und die Forelle mit purpurschuppig erglänzendem Leib, mit
Keiner Spitze an stachlichten Flossen dräuet der Peizker,
Fliehend den Blicken, die leichte Äsche, in hurtigem Huschen.
Du, die du tief durchschließest die fallenden Fluten der Saar, wo,
Sechsfach gewölbt, die Pforten erbrausen an steinernen Pfeilern,
Wenn du zum Strom mit dem weitergedrungenen Rufe herabschwimmst,
Ungehemmter übest du, Barbe, dein lockeres Schwimmen.
Dir, die du artiger bist durch dein schwindendes Leben, wurde
Aus der Vielzahl der Wesen nicht das ruhmlose Alter.
Dich nicht, Salm, der du purpurn am Leibe erglühest, möcht ich
Hier übergehn, den schwankende Schläge des breiten Schweifes
Mitten vom Strudel herauf in die Höhe der Fluten tragen,
Wenn dein heimliches Schnellen im stillen Gewässer erspäht wird.
Du, beschuppet an panzergewappneter Brust, am Gebäuche
Schlüpfrig und als Gericht bei bedenklichem Mahle dienend,
Duldest die Dauer hemmender Säumnisse unentwegt,
bist Kenntlich durch Flecken am Kopfe, dem der gefräßige Magen
Lüstern gebeut und feisten Wanstes der Leib sich schlängelt.
Quappe, die man in ganz Illyrien fängt und der Donau
Doppelnamigen Wassern, durch kolkende Schäume verraten,
Suchtest auch uns're Gewässer auf, damit nicht der Mosel
Fröhliche Flut von solch einem trefflichen Sprößling verschmäht wird.
Welch eine Farbe lieh dir die Natur? Gar schwärzliche Punkte
Zeichnen von oben den Rücken, wo wütend im Schlamme du wühlest,
Über den schlüpfrigen Körper da läuft es in blauschwarzer Tönung.
Bis zur Mitte des Leibes erschwillst du allmählich, doch von
Dort bis zum Ende des Schwanzes schmälert sich dürrend die Hülle.
Dich, du Freude des Mahles, Barsch, will ich nicht verschweigen,
Unter den Flußfischen selbst vor den Meeresbewohnern zu loben,
Der du allein noch spielend mit streifichten Meerbarben eiferst,
Bist weder faden Geschmacks, noch werden die Teile des feisten
Leibes zügig verschmolzen, sondern von Hacheln durchwachsen.
Hier nun belauert, in Latium spöttisch genannt der Teiche
Hüter, auch der Hecht, des quakenden Froschvolkes ärgster

Gegner, im Schilficht und Schlamm die stilldurchdunkelten Gründe.
Dieser siedet, zu keinem Genuß beim Mahle erlesen,
Zu den rauchdurchschwängerten Schenken mit widrigem Dünsten.
Wer kennt nicht auch die grünlichen Schleien, des Volkes Trostpreis',
Und die Weißfische nicht, ein Fang für die Haken der Knaben,
Die auf den Herden zischenden Maifische, Zukost der Menge,
Wer nicht dich, die keine aus zweifachen Arten und wieder
Jede, die du nicht Salm noch Lachs bist, zwittergestaltig
Beide betreffend, Lachsforelle, schon zeitig gefangen?
Unter den wellendurchwimmelnden Scharen auch du zu erwähnen,
Gründling, größer nicht als die doppelte Hand ohne Daumen.
Strotzend treibst du dahin, zu massig im schwangeren Leibe,
Nachahmend, Gründling, den niederwallenden Kamm der Barbe.
Jetzt wirst du, großer Wels, als Meeresbewohner verherrlicht,
Du, der du wie ein Delphin, den im Strome behaust ist, - so glaub' ich -
Über den Rücken mit attischem Öle gesalbet, gar mächtig
Gleitest und kaum deinen langen Körper völlig zu strecken
Weißt, durch Seichten und bald durch des Flusses Schilfrohr gehindert.
Aber wenn du dich, ruhig gleitend im Strome bewegest,
Sehr dich bewundernd die grünenden Ufer, der Fischlein blaue
Scharen und also die fließenden Wasser, getrennt wird die Flut im
Bett und die äußeren Wogen rollen am Ufersaum vorwärts!
Bringt ein solcher Walfisch im tiefen Schoß des Atlantik,
Wenn ihm der tobende Sturm oder selbst er sich treibt zu des Festlands
Küste zur Wallung das weichende Meer, das gewaltige Fluten
Steigen und selbst die nahen Hügel zu sinken drohen,
Ist jedoch hier der harmlose Walfisch für unsere Mosel
Keine Gefährdung und weiten Gewässern wird solcherlei Ehre.

Der Weinbau

Jetzt ist's genug der Blicke auf schimmernde Flut und der Fische
Schlüpfrige Scharen, genug jetzt des Zählens der häufigen Schwärme.
Zaubern uns doch einen anderen Aufzug die Bilder der Reben
Und die schweifenden Blicke fesselt die Arbeit im Weinberg,
Dort, wo die ragende Kuppe sich hebt über zügige Steile,
Felsen und sonnenbeschienene Höhn, wo sich Kurven und Schleifen
Formen im Weingefild' zum natürlichen Rund des Theaters.
Auch die Gauranische Höhe belebet die fröhliche Lese,
Rhodope auch und Pangäa glänzen durch eigene Weine.
Ebenso grünt der Ismarische Hügel am thrakischen Meere.
So schmücken meine Weinhöhn das gelbliche Band der Garonne.
Denn auf den steilsten Hängen der fern sich kuppenden Berge
Werden die Säume des Stromes mit grünenden Reben bepflanzet.

Fröhliche Scharen von Helfern tummeln sich, wie auch voll Eifers
Bauern, bald auf den Kämmen und bald am fallenden Hange,
Sich überbietend in törichtem Scherzen. Hier ist's der Wandrer,
Sich ergehend am Ufer und dort der fahrende Schiffer,
Welche spöttelnd verspätete Pflanzer besingen. Da hallen
Felsgewänd' wider, der rauschende Forst und die schlängelnde Strömung.

Spiele der Satyrn und Nixen
Nicht allein den Menschen ergötzen die Bilder der Landschaft.
Hier, möcht' ich glauben, treffen sich ländliche Satyrn wohl mit
Wasseräugigen Nymphen an weit entlegnem Gestade,
Wenn die bocksfüß'gen Pane der fröhliche Übermut treibet,
Wenn in den Fluten sie tanzen und unter den Wassern die bangen
Schwestern erschrecken, plumpen Schritts den Wogenschwall schlagend.
Oft schon wagte selbst mitten vom Hügel sich Trauben zu naschen
Unter Gespielen der Oreaden die Nymphe Panope
Und erteilte den neckenden Faunen, den ländlichen Göttern.
Sagt man doch gar, beim höchsten Stande der goldenen Sonne
Feiern am gleichen Strand mit den wasserbewohnenden Schwestern
Satyrn vereint ihre Reigen, wenn ihnen heimliche Stunden
Gönnet die Hitze, doch allzu glühend dem Treiben der Menschen.
Drauf in ihr fließendes Reich enthüpfen zum Spiele der Nymphen,
Tauchen die Satyrn hinab und ihnen, zum Schwimmen zu tölpisch,
Gleiten sie just aus der Hand, wenn sie schlüpfrige Glieder verstohlen
Haschen und statt der Leiber die rinnenden Fluten nur fingern.
Aber zu schildern, was niemand noch sah, kein Blick je erkannt, sei
Mir persönlich versagt. Geheimnisvoll sei umworben,
Ihren Wassern nur traut, solch Ehrfurcht erheischendes Leben!

Abendstimmung
Jenes Bildes darf man sich freu'n, wenn den schattigen Hügel
Blauende Wasser spiegeln, wenn mit dem Laut sich zu hüllen
Und dem Schößling der Rebe des Flusses Strömungen scheinen.
Wie erfarbt doch die Flut, wenn dunkelnde Schatten der Hesper
Webt und den grünenden Hügel tief in die Mosel hinabtaucht!
Gänzlich verschwimmen geschlängelte Höhn, es erschauert des Weinlaubs
Trugbild und die Reben erschwillen in glaslichten Wassern.
Mitgezählt hat der Reben Grün der getrogene Schiffer,
Der mit dem holzgehöhlten Einbaum die Wellen durchfurchet,
Wo in der Mitte des Hügels dem Strom sich vermählet
Und das Gesäume der Schatten wieder die Fluten verweben.

Schifferspiele und Wasserspiegelungen

Wie gewährt doch gar liebliche Bilder auch dieses Schauspiel,
Wenn mit des Stromes Wölbung die ruderfüßigen Nachen
Eifern, sich schlängelnde Kurven gleiten, am blühenden Strande
Schwellendes Grün auf den halb schon begrasten Auen berühren.
So man auf Vorder- und Hinterdeck Schiffer geschäftig sich regen
Und die junge Bemannung über den Stromrücken gleiten
Sieht, da enteilen die Stunden. Dem Spiele weicht der gewohnte
Ernst. Die liebjungen Freuden verscheuchen die alternden Sorgen.
Gleiches Gespiel erschaut auf dem Meere von Cumae Gott Bacchus,
Wenn er bepflanzete Höhen des schwefelhaltigen Gaurus
Und das Weinland beschreitet am rauchumwallten Vesuve,
Venus, wenn sie, erfreut ob Augustus' actischen Sieges,
Ausgelass'ne Amoren wildtollende Kampfspiele heißet,
Wie sie die Flotten vom Nil und Romas Trieren geliefert,
Unten am Fuße der Höhn des Apoll-verehrenden Leukas,
Oder es fechten die Schlachten von Mylae im Kriege mit Sextus
Jetzo Cumaes Geschwader am hallenden See von Avernum.
Ungefährliches Rammen der Schiffe und scherzhafte Kämpfe
Eines Gefechtes auf See, im Blick des sizil'schen Pelorus,
Bieten erneut die blauenden Fluten am grünen Gestade.
Gleiches Erlebnis gewähren der ungestüm rollenden Jugend
Ihre Frische, der Strom und die Schnäbel des farbigen Nachens.
Wenn aus der Höhe die Sonne mit strahlendem Glanz sie durchflutet,
Spiegelt in grünlicher Tiefe der Fischer Gestalten sie her und
Hauchet die lebenden Schemen zurück, doch gedreht und verschwommen.
Wie sie zur Rechten und Linken gewandte Bewegungen führen
Und durch der Ruder wechselnden Schlages ihr Gleichgewicht ändern,
Spiegeln die Wellen noch andere Schiffer als feuchte Gemälde.
Ihrer eigenen Bilder erfreut sich die Jugend im Kahn und
Wundert sich über die Formen, die trügend dem Flusse entsteigen.
Wenn den kunstvoll geordneten Schmuck des Haares zu zeigen,
Weithin glänzend, die schimmernde Fläche des forschenden Spiegels
Erstmals die Arme dem lieblichen Sprößlinge vorhält, ergötzt sich
Also das Mädchen, erfreut an dem wunderlich neuen Gespiel, und
Glaubt darin das Gesicht eines wirklichen Mägdleins zu schauen.
Küßchen schenkt es dem blitzenden Silber, doch leider vergebens,
Oder befingert verflochtene Spangen, bald hascht's mit den Händchen,
Seine lockigen Haare die Stirne hinab zu entrollen.
Ebenso freut sich die Jugend im Schiff beim Spiele der Schatten
Über die zweifachen Bilder der Wirklichkeit und der Täuschung.

Der Fischfang

Wo indes sich das Ufer erstreckt in mäßiger Steigung,
Jaget tief in den Wassern des Flusses die räubernde Horde
Ach! so dürftig bewehrte Fischlein über die Gründe.
Dieser zieht fern auf des Stromes Wölbung das triefende Netz und
Schleppt die durch knotig geflochtene Maschen betrogenen Schwärme.
Jener doch führt, wo der Fluß in geruhsamem Laufe gleitet,
Die mit korkenen Zeichen behafteten treibenden Netze.
Noch einer neigt vom Geklippe in abwärts schnellende Fluten
Die gebogene Spitze der sanft geschwungenen Rute,
Hoch auswerfend die Angel mit tödlich verhaketem Köder.
Wie nun, den Trug nicht ahnend, die streunende Schar der Fische
Tief mit dem Rachen hineinbeißt, fühlet der offene Schlund zu
Spät erst die Wunden des lauernden Hakens und, während sie schauern,
Steiget das deutende Sprudeln und durch der hin und wieder
Schnellenden Schnur sich kräuselnden Zuck erschwankt auch das Rohr, und
Kein Verzug! die an zischender Geißel gerissene Beute
Wirbelt behende herauf der Knabe: Dem Hieb sträubt des Lebens
Kraft sich, so daß, wie just in der Schwebe die Angel zerbricht, laut
Dröhnet die Luft und der Wind im wogenden Wirbel erzischet.
Über die trockenen Klippen entschnellt taustäubend der Fang und
Schenkt die tödlichen Strahlen des lichtversprühenden Tages.
Der, dem im eigenen Strome die Kraft noch bleibet, verbraucht in
Unserer Luft sein Leben, erschlaffend im Hauche des Windes.
Schon erzittert nur schwach mehr das Schlagen im kraftlosen Leibe,
Starr erduldet der Schwanz das ersterbende Zucken, nicht mehr
Schließt sich das Maul, aus dem Schlunde sprudeln die Kiemen gesog'ne
Luftblasen wieder heraus, den Odem im Tode verhauchend.
Solches geschieht, wenn die Luft auf den Essen die Feuersglut anfacht
Und durch wechselnde Öffnung der wollene Blasbalg den Luftschwall
Saugt und wieder verdrängt, an die buchene Höhlung sich quetschend.
Einige hab' ich gesehn, die erbetend im dräuenden Tode
Abermals Odem errangen, sich drauf in die Höhe geschnellt und
Tief in die Strömung die fliegenden Leiber entwirbelt haben,
Wieder die Wasser besitzend, die sie schon aufgegeben.
Unüberlegt, ob des Schadens verdrossen, folgt ihnen weiter
Abwärts der Knabe und sucht sie in törichtem Schwimmen zu haschen.
Ebenso traf's am böotischen Meer aus Anthedon einst Glaucus,
Der die tödlich wirkenden Gräser der Circe gekostet,
Kundig der Pflanzen, die sterbende Fische zur Rettung verschluckten,
Dann dem karparthischen Meere als neue Gottheit entstiegen.
Jener, der Angeln und Netze mächtig, Erforschen des tiefen
Meeres und all' dessen schwellende Wasser gewohnt zu durchfurchen,
Schwamm nun ferner als Räuber inmitten ereilten Geschwärmes.

Die Landhäuser
Solch ein Geschehnis beäugen, in blauende Ferne gereihet,
Hochaufragender Zinnen, die felsenthronenden Villen.
Mitten irret in bogenschweifigen Winden die Strömung
Durch und Landhäuser schmücken der Ufer wechselnde Seiten.
Möchte noch einer das Meer von Sestos bewundern, der Helle,
Nepheles Tochter, Gewässer, des Jünglings Flut von Abydos?
Wer noch bestaunen das Meer, überbrückt am Gestade Chalcedons,
Schöpfung des Großkönigs, dort, wo der Meerenge rollende Wogen
Asien und Europa die Bindung zu Lande verbieten?
Hier tobt nicht das Gewüte des Meeres, nicht die wilden
Wetter des peitschenden Nordsturms. Möglich ist, hier des Gesprächs zu
Pflegen und wechselseit'ge Gedanken sich laut zu verkünden.
Grußentbietende Worte verwebet das lichte Gestade,
Stimmen und fast auch die Hände: Die beiderseits hallenden Laute
Ruft das Echo zurück, sich über den Fluten vertönend.
Wer nur vermag die Gebilde und zahllosen Formen zu schildern,
Aufzuzählen die Baustile all' an den einzelnen Häusern?
Schmäht doch nicht diese Werke der Flügelschwinger auf Kreta,
Schöpfer des Tempels zu Cumae, den, des Ikarus' Absturz
Güldenen Gusses zu wagen, der Schmerz des Vaters gelähmt hat,
Philon nicht aus Athen, nicht, welcher, vom Feind gar geehret,
Rühmliche Schlachten im „Syrakusanischen Krieg" noch verzögert.
Wohl beherrschte der Menschen treffliches Mühn' an den Werken,
Also auch hier die im zehnten Buche des Markus gepries'ne
Siebenzahl, schufen hier wohl Metagenes' rühmliche Künste
Und seine Hand, erprobt schon zu Ephesus, oder Ictinus,
Welchem im Tempel Minervas die magisch purpurne Eule
Aller Vögel Geschlechter mit tödlichem Blicke gelockt hat,
Weilt' wohl Dinochares hier, eines Ptolemäischen Tempels
Schöpfer, dem sich in vierfach gekantetem Kegel zur Spitze
Hochreckt ein Obelisk, der den eigenen Schatten verschlucket,
Jener, der auf Geheiß zum Gedenken der sündhaften Ehe
Einst der Arsinoë Bildnis im Tempel zu Pharos erhöht hat.
Saugt an der Wölbung des Dachs doch magnetisch geladen ein Luftzug
Und hält er fest in der Schwebe am eisernen Haarschopf die Jungfrau.
Wert ist es also zu glauben, daß die oder ähnliche Meister
In den Landen der Belger die Reihen der Bauten geschaffen
Und zur Zierde des Flusses und noch die ragenden Villen.
Dieses Gebäude bethront die natürliche Schroffe der Felsen,
Jenes ruht auf dem Grunde des weitausladenden Ufers,
Wieder eins weicht und umsäumt die zum Bogen gezwungene Strömung.
Jenes, den Hügel bekrönend, der massig abfällt zum Strome,

Bietet bequemen Blick auf bebaute und brache Gemarkung,
Freut sich gar, froh ob der Ansicht, am Land wie an eig'nem Besitztum.
Ja, auch das Haus in der Niederung wohlbewässerter Wiesen
Gleicht die natürlichen Vorzüge steiler Anhöhen aus und
Drohend starrt es mit spitzig ragendem First in den Luftraum,
Gleich einem schwindelnden Turme, wie dem in Ägypten auf Pharos.
Dort ist's erlaubt im umhegeten Teiche gehalterte Fische
Zwischen den sonnenumglasteten, felsigen Kuppen zu fangen,
Dieses schroffet auf stürzendem Grat und späht nach den unten
Gleitenden Fluten, wenn schon die Dämm'rung
die Aussicht verdunkelt.
Was soll ich noch die Hallen erwähnen auf prangendem Plan und
Drüben die Dächer all', die auf wirrende Säulen sich stützen,
Was noch die Bäder, die nahe dem Flußlauf Dämpfe verströmen,
Wenn schon der Brand, aus vergitterter Feuerstatt Glutzungen streckend,
Fauchende Flammen durch die gewölbte Dachluke wälzet,
Eingezwängten Qualm im brodelnden Gluthauche ballend?
Ich sah Menschen, in rinnendem Schweiße erschlafft, das Wasser
Wie in den Waschbecken auch in den kalten Teichen verschmähen
Und in fließendem Naß sich zu tummeln, im Strom bald erquicket,
Kühlende Fluten mit plantschender Schwimmbewegung zerteilen.
Sollte ein Femdling von Kumäs Gestade hierher gelangen,
Glaubt' er wohl Baiä, die Gründung Euböas, habe dem Ort hier
Bilder im kleinen geschenkt: Solch großes und glanzvolles Leben
Lockt und auf jeglichen Prunk verzichtet allhier die Erquickung.

Die Nebenflüsse
Finde ein Ende ich noch, Deine blauende Flut zu besingen,
Deiner noch zu gedenken, dem Meere selbst achtbar, du Mosel,
Da sich zahllos in Dich in weitverzweigeter Mündung
Ströme ergießen? Wenn sie auch ihren Lauf verlängern
Könnten, eifern sie dennoch in Dir ihre Namen zu enden,
Denn, durch den Zulauf der Prüm und Nims bereichert, beeilt sich
Ihre gemächlichen Wasser in Dich zu verströmen die Sauer,
Die ihren Wasserstrom abfängt und sich dem deinigen opfert,
Die es für edler erachtet, dich Deinem Namen zu beugen,
Als ihre Fluten namenlos fern zum Meerschoß zu schwellen.
Reißenden Laufes, die Kyll und, durch Marmor gepriesen, die Ruwer,
Eilen sich beide zu höchst, die dienende Flut dir zu spenden,
Rühmlich bekannt die Kyll durch treffliche Fische, doch jene,
Da sie in hurtiger Drehung die Steine der Mühlen bewegt und
Kreischende Sägen durch den geschliffenen Marmelstein treibet;
Beiderseits an den Ufern belauscht sie das dauernde Treiben.

Hinter mir laß' ich die niedliche Lieser, den winzigen Drohnbach,
Und die verschmähten Wasser im Bette der Salm übergeh' ich.
Längst schon ruft mich die schiffbare Saar in rauschendem Schwall mit
Ihres Lebens Fülle, weithin schleppt sie die Strömung,
Nahe der Kaiserstadt träg ihr Wasser zur Mündung zu drängen.
Weniger nicht als sie ist glücklich der Eltzbach, der, still durch
Fruchtbare Böden gleitend, ertragreiche Ufer bespület.
Tausend and're noch, je nachdem ihr Gefälle sie antreibt,
Wünschen Dir zu gehören! So sind den eilenden Wellen
Ehrgeiz eigen und Brauch. Hätten dir, du göttliche Mosel,
Smyrna oder Mantuas Ruf ihren Sänger geschenket,
Beugte der Simois sich, an Ilions Strande besungen,
Und auch der Tiber dürfte nicht wagen, den Ruf dir zu schmälern.
Mächtige Roma, vergib! Verscheucht, weiche eilends, ich bitte,
Neid und Nemesis du, der lateinischen Zunge ein Fremdling,
Schirme des Reiches Sitz und die mütterlich waltende Roma!

Die Anwohner der Mosel
Gruß dir, erhabene Mutter der Früchte und Männer, o Mosel!
Ruhmvolle Adelsgeschlechter verehren dich, streitbare Jugend,
Selbst die Beredsamkeit, die mit Latiums Sprachkönnen eifert.
Ja, auch Charakter und einen mit heiterer Stirne frohen
Geist hat die Mutter Natur deinen Sprößlingen allen gewähret.
Nicht allein Roma beherbergt so ehrsame Männer wie Cato,
Oder ein Aristides nur gilt als Wahrer von Recht und Billigkeit und
verherrlicht Athen, das würdigen Alters.

Verheißung eines Gedichtes
zum Lobe des Landes und seiner Bewohner
Doch was lasse ich, schlaffender Zügel zu lange schon säumend,
Dir nur in Liebe ergeben, des Höheren Lobpreis? So birg nun,
Muse, die Leier, die du gewährt zum verklingenden Sange!
Einst naht die Zeit, da mich, in lässiger Muße beschäftigt,
Sorgen verscheuchend und sonnige Tage des Alters genießend,
Ruhm empfiehlt, der dem Stoffe entwächst, wenn ich einzeln der Belger
Taten besinge, des Vaters Charakter, sein rühmliches Wesen.
Zärtliche Lieder werden mit lichtem Gefädel mir Musen
Weben und trefflich gewirkter Gespinste und zierlichem Garne
Zaubern: Auch meiner Spindel blüht einst die purpurne Röte.
Wen besingen da nicht meine Weisen? Gemächliche Bauern
Will ich erplaudern, Gesetzesbewanderte, Herrscher der Rede,
Angeklagten erhabener Schutz, die das Rathaus gesehn als
Höchste Vertreter der Bürger und auch den Senat meiner Heimat,

Die zu des alten Quintilianus' Verherrlichung einte
Die so berühmte Beredsamkeit der Knabenschule,
Die ihre Städte regierten, die nicht das Gericht mit dem Blute
Schuldloser schändeten und ihre Beile niemals mißbrauchten,
Oder Italiens Völker und nordwärts wohnende Briten
Unter dem rühmlichem Titel als Präfekte beherrschten,
Preisen will ich, wer Roma, die Weltstadt, das Volk und Senat, zwar
Nicht als Kaiser also benamet, regierte, wiewohl er
Gleich gewesen den Herrschern. Endlich beeilt sich das Schicksal,
Doch seinen Irrtum zu tilgen und, nachträglich noch die Belohnung
Spendend, wird es den Ruhm im höchsten Maße verleihen,
Stetig vom folgenden Adel zu zollen. Das Werk, schon begonnnen,
Werde nun also vollendet, später das Preislied der Helden!
Laßt uns jetzto besingen den glücklichen Fluß, der durch grüne
Fluren lächelt, und lasset uns ihn dem Rheinstrome weihen!

Vereinigung von Rhein und Mosel

Rhein, deines Flutschwalles Blau und die gläserngrüne Gewandung
Breite nun aus und miß' seine Bahnen dem neuen Fluß, durch
Bruderströmung zu schwellen! Bereicherung kommt nicht allein von
Wassern, sondern, der Kaiserfeste Gemäuer enteilend,
Sah sie des Sohnes und Vaters gemeinsam geführten Triumphzug,
Als sie den Feind über Ladenburg und den Neckar verfolget
Und zu den Quellen der Donau, die fremd noch Romas Annalen.
Dieser Lorbeer entwächst dem niedergeschlagenen Aufruhr.
Jetzo wird sie ihn flechten und flechten. Eilt nun vereinigt,
Wälzet vor euch das purpurne Meer in doppelter Strömung!
Fürchte drum, mächtiger Rheinstrom, nicht geringer zu scheinen:
Neidlos ist dir dein Gast. Erringen wirst du des Namens
Dauer; schließe die Schwester des Ruhms in die sorglosen Arme!
Reich an Wassern, an Nymphen, und Raum für beide gewährend,
Wird das Bett eine Grenzscheide bilden am doppelten Ufer
Und gemeinsame Bahnen ergießen in zweigender Mündung.
Kräfte werden sich sammeln, vor denen Franken, Chamaver
Und die Germanen erzittern: Dann giltst du wahrhaft als Limes.
Zweifach wird dir dein Name in dieser gewaltigen Flut und,
Springst du allein und vom Quell, nennt doch man dich doppelgehörnet.

Der Dichter spricht über sich selbst und verheißt ein größeres Mosellied.

Ich, dem Stamm der Vivisker entsprossen, durch nicht erst kürzlich
Gastlich geflochtene Bande bekannt in den Landen der Belger,
Ich, Auson, lateinischen Namens, nenne mir Heimat
Zwischen Pyrenäengebirge und Grenzmark der Belger,

Wo Aquitanien sinnigem Brauchtum ein fröhliches Maß leiht;
Kühn mit bescheidener Leier besing ich's. Mein heiliges Recht ist
Dieses Stromes Verehrung durch meine dürftige Dichtkunst.
Ruhm erstrebe ich nicht, o verzeiht mir! Du hast so viele,
Lieblicher Strom, die der Musen geheiligte Fluten zu kosen
Pflegen, ja sogar gänzlich den Bronn Aganippen zu schöpfen.
Ich aber werde, soweit meine Dichtergabe es zuläßt,
Wenn mich zur Heimat Bordeaux und zum Heim meines Alters die Kaiser,
Vater und Sohn, der letzt're besonderer Sorg' mir befohlen,
Ausgezeichnet mit Latiums Orden, kurulischen Ämtern,
Senden, nach all den Müh'n der wohlbeendeten Lehre,
Weiterhin dann des nordischen Stromes Verherrlichung singen.
Zufügen will ich noch Städte, die ruhigen Laufs du durchgleitest,
Burgen noch, die mit altem Gemäuer auf dich herabspähn,
Niederlassungen auch, gegründet für drohende Zeit, doch
Jetzt zum Krieg nicht bestimmt, zum Handel, da Belgien friedlich.
Jauchzen will ich von glücklichen Siedlern am säumenden Strande
Und von Dir, die Du mitten im Treiben der Menschen und Tiere
Deine Ufer bespülst und die üppigen Fluren durcheilest.
Nicht die Loire wir dir sich vorziehn, die Aisne nicht, die rasche,
Auch nicht die Marne, die Gallien trennt vom Lande der Belger,
Noch die Charente, die im eigenen Bett die Saintonge zurückströmt.
Weichen wirst du, Dordogne, vom kalten Gebirge dich wälzend,
Gallien wird noch den Goldkörner führenden Tarnfluß bezähmen.
Jäh über rollende Felstrümmer stürzend, wird sich in breitem
Strome zum leuchtenden Meere, zuvor noch der hehren Mosel
Vorzüge anerkennend, bei Tarbes der Adour ergießen.

Abschied von der allerorten zu rühmenden Mosel
Hörnertragende Mosel, am fernsten Gestade zu ehren,
Nicht allein an jenem Ort zu besingen, wo hoch du
Über der Quelle den goldenen Schmuck der Stierstirne reckest,
Wo du den lieblichen Lauf durch buchtende Auen windest
Oder wo du den Häfen Germaniens nachbarlich mündest.
Wenn nun irgendwer mein bescheidenes Liedchen beachtet
Oder in Muße bei ihm zu verweilen, es jemand für wert hält,
Wirst du im Menschenmund kommen und frohen Gesanges gepriesen,
Kennen werden die Quellen dich lassen, die schimmernden Seen,
Blauenden Fluten und alten Haine, die Zierde der Gaue,
Dich werden Drohme und Durance, gefährlich durch bröckelnde Ufer,
Alle die Flüsse der Alpen noch ehren wie auch die Rhone,
Die durch die Doppelstadt schäumt und zur Rechten das Ufer benamet,
Dich will vor lichtblauen Seen und tiefaufrauschenden Strömen
Singend ich rühmen und selbst vor der meeresgleichen Garonne.

Der Frosch- und Mäusekrieg

(Homer und anderen griechischen Dichtern zugeschrieben)

Nieder von Helikons Hängen beschwör' ich die Musen, anhebend,
mir ins Gemüt ihren Reigen zu spielen um jenes Gesanges
willen, der jüngst auf den Knien in wächserne Tafeln ich ritzte;
jenen unmeßbaren Streit, nordstürmende Taten des Ares,
fleh' ich den redenden Menschen der Welt in die Ohren zu dröhnen,
wie in der Schlacht mit den Fröschen die Mäuse als Sieger bestanden,
Erdentsproß'ner Giganten gewaltige Werke nachahmend.
Also ging das Gerücht bei den Sterblichen, also begann es:
Einst eine dürstende Maus, der dräuenden Katze entwichen,
streckte hinunter ins Wasser am Teiche ihr niedliches Schwänzchen,
sich ergötzend am süßlichen Trunke, sie aber eräugt' ein
sumpfdurchtummelnder Vielschwatz und quakte mit folgender Rede:
„Fremdling, wer bist du? Woher des Weges zum Strande, wer schuf dich?
Sprich mir die lautere Wahrheit, daß nicht dich als Lügner ich sehe!
Find' ich dich nämlich der Freundschaft würdig, so führ' ich dich heimwärts.
Gastliche Gaben will ich dir geben, gar reichlich und edel.
Ich bin Pausback, der König, und trage die Würde im Sumpfreich,
über die Völker der Frösche gebietend für ewige Zeiten.
Und mich zeugte einst Schlammrich, mein Vater, der Mutter Flutwalda
an des Eridanos Ufern im Liebesrausch sich gesellend.
Doch auch dich erkenn' ich an Schönheit und Wehrkraft vor allen
als bezepterten König und streitbaren Helden im Kampfe.
Auf, nun verkünde auch du mir näher den Stamm deiner Ahnen!"
Bröseldieb entgegnete ihm mit klingender Stimme:
„Was nur fragst du nach meinem Geschlecht? Bekannt ist's ja allen
Menschen und Göttern sowohl, als auch den Vögeln des Himmels.
Broseldieb nun werd' ich genannt; der Sohn aber bin ich
Brotnagers, des hochherzigen Vaters; Mutter doch ist mir
Mühlsteinleckerin, Tochter von Fersbeiß, dem herrschenden König.
Tief in des Kellers Gewölbe gebar sie mich, nährt' mich mit Speisen,
Feigen und Nüssen zuhauf und allerlei köstlichen Bissen.
Ach, wie umhegte sie lieb mich, den nichts an Natur mehr erreichet!
Du mußt nämlich im Wasser dein Leben verbringen, doch ich darf,
was auch die Menschen nur haben, beknabbern; denn ich versteh' wohl,
dreimal gesichtetes Brot vom rundlichen Körbchen zu naschen,
wie auch die Torte aus Sesamkäse mit langem Glasurkleid.
Wie aus der Ferse im Mäulchen, wie weiß umwundene Leber,
wie auch aus süßlicher Milch den just geronnenen Käse,
wie auch den leckeren Bienenstich, den auch Götter begehren,
Alles, was immer zum Schmause der Menschen die Köche bereiten,

die mit tausenderlei Gewürzen manch Tränklein servieren.
Niemals entfloh ich aus mordendem Kampf dem entsetzlichen Schlachtruf,
sondern mitten im Morden drang ein ich ins Vordergetümmel.
Keinem erbang' ich der Menschen, und mag vor Kraft er auch strotzen,
sondern ins Bett gar schlüpf' ich und beiß' ihm die Spitze des Fingers,
manchmal faßt' ich die Ferse, doch nie befiel Wehleid den Mann und
nimmer entwich ihm der bleierne Schlaf vom Biß meiner Zähne.
Zwei doch fürcht' ich vor allen, mag sein, wo ich will, auf der Erde,
Habicht, den kreisenden Kerl, und die Katze, die hart mich bedrängen
und die Falle, das Jammergehäuse, wo tückisch der Tod droht.
Doch am meisten befürcht' ich die Katze, die wackere Heldin,
die, und schlüpft man ins Loch auch, hinab in die Höhle verfolget.
Rüben aber genieße ich keine, noch Kohl oder Kürbis,
mute mir auch keinen gelbgrünen Lauch zu, so wenig wie Eppich.
Das sind ja nur Gerichte für euch, die im Schlamme ihr hauset."
Doch auf solches Gerede sprach lächelnder Miene jetzt Pausback:
„Fremdling, was prahlst du mit Speisen? Auch unsereines kann solches
Wundergeschleck in Menge beschaun im Teich wie am Festland.
Doppelt befähigtes Leben doch schenkte den Fröschen Kronion:
Hurtig am Boden zu hüpfen und's Bäuchlein im Wasser zu bergen,
durch zweiwüchsiges Schilf in getrennten Gemächern zu wohnen.
Wenn du auch dieses noch möchtest erfahren, nichts leichter als solches:
Steig mir den Buckel hinauf, faß an mich und nimmer versinkst du,
daß du mir voller Freuden in meine Gemächer miteingehst!"
Also sprach er und beut' seinen Rücken; rasch sprang sie da über,
klammernd die Händ' um den weichlichen Nacken in wippendem Sprunge.
O wie vergnügt war sie erst, als nah noch die Häfen sie schaute,
köstlich ergötzt an Pausbacks Geruder, doch anders als wirklich
purpurschwellende Flut sie bespülte; was weinte sie Bäche
zeternd vor Reue, die nimmer ihr nützte, und raufte das Haar sich.
Und wie zog sie die Beine ans Bäuchlein, worinnen das Herz ihr
pochte; sie war's nicht gewohnt und verlangte nach festerem Boden,
heftig seufzte sie auf im Zwange der grausigen Schrecknis.
´S Schwänzchen streckte sie grade ins Wasser, just wie vom Schiff ein
Ruder, und flehte zum Himmel, noch einmal ans Land zu gelangen.
Purpurschwellende Fluten bespülten sie, jämmerlich schrie sie
und sprach folgendes Wort und haderte frei von der Leber:
„Hob nicht so auf den Rücken die Goldlast der Liebe sich jener
Stier, als Europa er raubte durch Wogen und Fluten nach Kreta,
wie, auf dem Rücken mich schleppend, zum Haus wollte bringen ein Wicht von
Frosch da, den fahlichten Leib im schillernden Wasser bewegend?"
Plötzlich enttaucht' eine Schlange dem Wasser, ein gräßliches Schauspiel
allen zumal: Steil zuckte sie hoch übers Wasser den Nacken.

Kaum sie gesehn, taucht' Pausback schon unter und dachte nicht fürder,
daß den Genossen zum Tode er sollte am Lichte belassen.
Aber er sank in die Flut und entging dem schwarzen Verhängnis.
Jene, sobald sie allein, fiel gradwegs kopfüber ins Wasser,
rudert' mit allen Vieren und winselte vor dem Verderben.
Oftmals versank sie hinab in die Flut, aber oftmals enttaucht' sie
zappelnd empor; doch dem Tod zu entgehn, war nicht ihr vergönnet,
denn die triefenden Haare beschwerten gar sehr ihren Körper.
Letztlich aber noch gellte im Tode sie folgende Worte:
„Ungeahndet bleibt nimmer, o Pausback, dein listiges Treiben.
Wirfst mich vom Rücken herab, wie beim Schiffbruch vom Felsen man abstürzt.
Nimmer wärest du mir am Lande gewachsen, du Feigling,
nicht im Allkampf, Ringen und Laufen, sondern mit Arglist
warfst du ins Wasser mich ab; doch Zeus hält rächende Aufsicht.
Büßen wirst du im Feldzug der Mäuse und nimmer entrinnen."
Sprach's und verröchelt' das Leben im Wasser, sie aber erspähte
Schüssellecker, am Strande auf weichlichen Grasbüscheln hockend.
Gräßlich gellte er auf, lief stracks als Bote zum Mausvolk.
Wie sie erfuhren vom Tod, packt' alle ein schreckliches Wüten.
Und dann befahlen den Herolden sie sofortigen Weges
ringsum das Volk zur Versammlung zu heischen in Brotnagers Halle.
Unglücksvaters des Bröseldieb, der im Sumpfe kopfüber
lag mit gestreckten, erstorbenen Gliedern, und nicht mehr am Ufer
lebte er fürder so dreist, sondern mitten trieb er im Sumpfe.
Wie sie herstürmten im Morgengrauen, erstand als erster
Brotnager voller Groll um den Sohn zu folgender Rede:
„Freunde, wenn ich auch als einziger viele Leiden erduldet
von den Fröschen, so traf doch alle ein listiger Anschlag.
Ich aber bin zu beklagen, da drei meiner Söhne verloren.
Ja, meinen ersten Sohn schon raubte und tötete mir ein
todbefeindetes Katzengetier, sogar aus dem Loch weg.
Meinen zweiten brachten Unholde von Männern zu Tode
mit neuartigem Trick, eine hölzerne Lauer erfindend,
welche sie Falle benennen, doch bringt sie den Mäusen Verderben.
Dritter der Söhne war, Liebling so mir wie der eifrigen Mutter,
welchen jetzt Pausback ertränkte, hinab in die Tiefe ihn reißend.
Auf, in die Waffen gehüllt und zum Strauße hinaus gegen jene,
bergend die Leiber im Glanz der kunstgetriebenen Rüstung!"
Dank seiner Redegewalt gewann er zum Streit sie gemeinsam.
Diese nun rüstete Ares, der Schlachtreihen waltender Würger.
Beinschienen erstlich legten sie an, in zweifache Teile
brechend die gelblichen Bohnen; so wollten die Waden sie hüllen;
diese hatten sie selber bei Nacht bedachtsam gehöhlet.

Panzer verfertigten sie aus schilfdurchflochtenen Häuten,
welche sie aus dem Fell einer Katze verständig geschaffen.
Lampendeckel dienten als Schildbuckel, ferner als Lanzen
riesige Spitzen von Pfeilen, volleherne Werke des Ares.
Aber als Helm überwölbte das Haupt die Schale der Erbse.
Also waren die Mäuse in Waffen, doch wie sie die Frösche
sahen, da tauchten sie rasch aus den Fluten und drauf zum Gemeinplatz
hüpften sie hurtig, sie halten den Rat des verderblichen Krieges.
Während sie äugten, woher wohl der Aufruhr und welch ein Getümmel,
nahte als Herold heran und wiegte den Stab in den Händen
Käsehöhlers, des hochgemuten, Sprößling, Topfkriecher,
kündend des Krieges abscheuliche Kunde mit folgender Rede:
„O ihr Frösche, mich sandten die Mäuse, euch gräßlich androhend,
euch in die Rüstung zu fordern zu Krieg und mordender Feldschlacht.
Denn ich erspähte im Wasser den Bröseldieb, den ermordet
euer gebietender König Pausback. Darum jetzt kämpfet,
welche ihr immer auch seid die Helden im Volke der Frösche!"
Sprach's und hob sich davon; doch die Rede, in sämtliche Ohren
dringend, verwirrte die Sinne der aufgeplusterten Frösche.
Ihrem Tadel zum Trotz erstand zum Gegenwort Pausback:
„O meine Freunde, nicht ich hab getötet die Maus, noch sah ich
sie im Verderben; ganz sicher ertrank sie beim Spielen am Teiche,
Schwimmbewegung der Frösche nachahmend; die aber, die Ärgsten,
tadeln mich jetzo, wiewohl ich in Unschuld; aber laßt Rat uns
suchen, wie gänzlich die tückischen Mäuse wir wohl austilgen!
Wahrlich ich spreche es aus, was mir das Beste zu sein scheint.
Bergend die Leiber in Waffen, laßt stehen uns alle vereinigt
längs dem äußersten Rande, wo abwärts schrofft das Gelände.
Aber sobald sie im Sturme sich unseren Linien nähern,
laß uns, am Helme erfassend, wer immer auch feindlich sich stellet,
tief in den Teich sie mitsamt ihren Helmen geradewegs werfen!
Denn mit solchem Geschick die Betrüger im Wasser ersäufend,
laßt uns getrost die Trophäe des Mäusemordes erstellen!"
Dank seiner Redegewalt gewann er zum Streit sie gemeinsam.
Drauf umhüllten sie sich mit Blättern der Malve die Waden;
Panzer verfertigten sie aus blattgrünprangendem Mangold,
Blätter aber vom Kraut hantierten sie trefflich zu Schilden,
Lanze jedoch von jedem die lange, spitzwüchsige Binse
und die Gehäuse von weichlichen Schnecken umschirmten die Häupter.
Dicht nun starrten die Reihen entlang dem hohen Gestade,
wild die Speere bewegend, doch Mut erfüllte sie alle.
Zeus aber rief alle Götter zum sternenumfunkelten Himmel
und auf das Wogen der Krieger hindeutend und streitbare Kämpfer,

Träger gewaltiger Speere in prangender Fülle und Stärke,
wie ein Heer von Kentauren heranzieht oder Giganten,
fragt' er mit lächelndem Munde, welche der Götter den Fröschen
oder den Mäusen als Helfer sich nahten, und sprach zu Athena:
„O meine Tochter, enteilest du jetzt den Mäusen zu Hilfe?
Denn auch in deinem Tempel vereinigt hüpfen sie allzeit,
sich am Fettdampf erlabend und allen erdenklichen Speisen."
Also sprach der Kronide, ihm aber versetzte Athena:
„Vater, niemals mehr möcht' ich den Mäusen, und stürben sie alle,
helfend mich nahn, da sie Unbill ohn' Ende an mir schon verübten,
Priesterbinden benagend und Lampen, das Öl zu entnaschen.
Dies aber grimmte im Innern mich arg, da sie so mich behandelt.
Fraßen sie mir doch ein Kleid auf, das ich, mich schindend, gewoben
aus hauchdünnem Gefädel und niedlich spann ich den Aufzug.
Höhlen bepolsterten sie, mich aber bedrängte der Schneider
und er hat mich gewaltig geschröpft; deswegen nun groll' ich.
[und er forderte Zinsen; doch soll es den Göttern gedenken.]
Denn ich lieh mir und wob, doch kann ich's zurück nicht erstatten.
Aber auch so will den Fröschen ich nicht als Helfer erscheinen;
denn auch die sind verrückbaren Sinnes; denn wenn beim Frühlicht
aus dem Gemetzel ich kehre, nachdem ich mich müde gekeilt hab',
Schlaf begehrend, nicht lassen sie mich, mit schallendem Quaken
nicht ein weniges ruhn; ich aber umwälze mich schlaflos;
und was brummt mir der Kopf, bis mich endlich erlöset der Hahnschrei.
Aber wohlan, laßt nicht, ihr Götter, den Wichten uns helfen,
daß auch keinen von uns man werfe mit spitziger Lanze!
[Keinen auch treffe den Leib mit Lanzen oder mit Schwertern]
Nahkampf üben sie wohl, und stünde ein Gott auch entgegen.
Alle, vom Himmel her spähend, wollen des Streits wir uns freuen!"
Also sprach sie, ihr aber gehorchten die anderen Götter,
alle, gleichwohl enteilten in Scharen sie hin zum Gemeinplatz.
[Aber es eilten zwei Herolde hin mit dem Zeichen des Krieges]
Und dann bliesen die Mücken auf länglich gebauchten Trompeten
gellend des Kampfes Beginn; vom Himmel dröhnte hernieder
Zeus, der Kronide, ein Zeichen des garstig wütenden Krieges.
Erstlich aber stieß Lautquack den Lochmann mit ragendem Speere,
stehend im Vordergewühl, durch den Bauch in die Mitte der Leber.
Vorwärts taumelt' er hin und bestäubte die samtenen Haare.
[Donnernd kracht' er im Fall und rings umklirrt' ihn die Rüstung]
Höhlenschlüpfer darauf durchbohrte den Schlammerichiden,
stach in die Brust den gewaltigen Speer; den aber im Falle
packte das schwarze Verhängnis, die Seele entfleuchte dem Munde.
Kohlmann aber erlegte, ins Herz ihn treffend, Topfkriecher;

[Lautlach packte der Schmerz und er schwang seinen spitzigen Schilfspeer]
Brotfraß anderseits stach Vielschwatz mitten den Bauch durch,
vorwärts stürzte er hin und die Seele entfleuchte den Gliedern.
Sumpffreund aber kam, als er sah den erschlagenen Vielschwatz,
Höhlenschlüpfer zuvor und schmettert' den Fels, gleich dem Mühlstein,
mitten hinein in den Nacken und Dunkel umzog ihm die Augen.
Beißmann aber zielte auf diesen mit blitzender Lanze
und er traf, verfehlte ihn nicht, in die Leber; doch wie er
Krautfresser flüchtig erspäht', hin stürzt', er aufs tiefe Gestade;
aber auch so nicht vergaß er der Schlacht, sondern folgte ihm weiter.
Sinkend erholt' er sich nimmer; es färbte vom Blute der Sumpf sich
purpurrot; er selber jedoch lag am Strande gestrecket,
hin sich wälzend mit seinem Gedärm in den schimmernden Weiden.
Käsfresser aber am selbigen Ufer beraubt' er der Rüstung.
Schinkenhöhler eräugend, fiel Krausminzköstler in Ängste.
Flüchtig sprang er zum Sumpf und schleuderte von sich die Schildwehr.
Scheitsitzer aber darauf erlegte der wack're Topfkriecher.
[Sumpffreund aber legte nun Fersfraß, den herrschenden König.]
Mit einem Feldstein zerkrachend den Schädel, aber das Hirn nun
schoß aus der Nase hervor und vom Blut war der Boden besudelt.
Schüssellecker darauf erlegte der wack're Schlammschläfer,
türmend mit ragender Lanze, mit Dunkel umzog ihm die Augen.
Lauchner, indes hinäugend, ergriff den Leichnam am Fuße,
zog und ersäuft' ihn im Teich, mit der Hand den gestrafften hoch haltend.
Bröseldieb aber kämpfte um seine gefall'nen Gefährten;
und er traf den Lauchner, daß nimmer auf Erden er wandelt.
Vorwärts sank er dahin und die Seele entwich in den Hades.
Kohlgang, indes hinäugend, bewarf mit Händen voll Schlamm ihn
und er besalbte die Stirn ihm und hätte fast ihn geblendet.
Grollend erhitzte sich jener und faßte mit nervichter Rechten,
liegend im Felde, den wuchtigen Stein, die Last des Gefildes,
traf damit Krautgang unter den Knien, doch völlig zerkrachte
ihm sein Schienbein zur Rechten und vorwärts entsank er zum Staube.
Schreihals aber wehrte und wieder stürmt' er den Feind an,
haute ihm mitten über den Bauch, daß völlig ins Inn're
drang die spitzige Binse; zur Erde entquollen ihm alle
Därme, als jener den Speer mit der nervichten Hand wieder auszog.
Höhlenschlüpfer, sobald er dies sah am Ufer des Flusses,
stahl er sich hinkend vom Kampfplatz und duldete schreckliche Qualen,
sprang darauf in den Graben, zu meiden das jähe Verderben.
Brotnager aber verwundete Pausback die Spitze des Fußes.
Nahe dem Ufer enttaucht' er und duldete schreckliche Qualen.
Lauchner aber, sobald er ihn sah verröcheln im Falle,

kam er durchs Vordergewühl und schwang seine spitzige Binse;
nicht zerbrach er den Schild; doch stak die Spitze der Lanze.
Ihn aber traf den trefflichen Helm, vier Töpfe an Ausmaß,
Dostenverzehrer, der Held, nacheifernd dem wütenden Ares,
der von den Fröschen allein wie ein Berserker stand im Getümmel.
Sturm nun liefen sie diesem; der sah es und wollte nicht harren
Helden solcher Gewalt, sondern sank in die Tiefe des Sumpfes.
War doch einer im Mausheer, Brockendieb, ragend von allen,
Fleischfraß' lieblicher Sohn, des Sohnes des trefflichen Brotlings,
welcher der Frösche Geschlecht von der Erde zu tilgen gedachte.
Mitten zerbrechend den Buckel der Nuß in zweifache Teile,
stülpte sie dann, die gebrauchend zum Schutz, auf die Schultern als Maushelm.
Die aber scheueten all' seine Schnelle und eilten zum Sumpfe
und jetzt hätt' er ein Ende erkämpft, da er stürmender Kraft war,
hätte nicht scharf ihn erblickt der Vater der Helden und Götter;
und da beklagte das Los der sterbenden Frösche
Kronion; schüttelnd sein mächtiges Haupt, hub an er, solches zu rufen:
„Donner und Doria, was für ein Mordswerk seh' ich vor Augen!
Und nicht wenig erfrecht sich mir Brockendieb, der im Sumpfe
räubernd die Frösche durchwandelt; jedoch so lasset uns schleunigst
Pallas senden, die Schlachtenbummlerin, oder auch Ares,
die ihn abhalten vom Kampfe, wiewohl er kräftig gewachsen!"
Also sprach der Kronide; doch Ares erwiderte solches:
„Weder Athenens Kräfte, Kronide, oder des Ares
reichen dahin, den Fröschen zu helfen im jähen Verderben.
Also wohlan, laßt alle uns Helfer sein! Oder den Blitzstrahl
schleudre mit Macht, die gewaltige Waffe beim Mord der Titanen,
[womit du die Titanen erschlugst, die Helden von allen]
womit du einst auch Kapaneus erlegtest, den mächtigen Recken.
Und Eukelados' Kraft und das wilde Geschlecht der Giganten!
Schleudre ihn also, dann wird er gebändigt, und sei er der Stärkste!"
Also sprach er; da zuckte Kronion den zündenden Blitzstrahl;
erst nun donnert' er auf und erschütterte rings den Olympus,
aber darauf den Blitz, Zeus' furchtbar treffende Waffe,
schleudert' er wirbelnd herab; der entschoß der Rechten des Herrschers.
Alle nun schlug er mit Furcht, aufs Haupt ihnen schmetternd den Blitzstrahl.
Aber auch so nicht hemmt' er das Mausheer, sondern noch wilder
lechzte es auszutilgen das Volk speertragender Frösche;
wenn nicht herab vom Olymp die Frösche beklagte Kronion,
welcher darauf den Fröschen sofortige Helfer entsandte.
Kamen doch plötzlich daher mit Amboß-Rücken und Krummscher'n
Krummbeine, Schiefgänger, Scherenmäuler, scherbhäutige Kerle,
knochendurchwachsen, mit plattichtem Rücken und schillernden Schultern,

Krummfüßer, Handzwicker, schauen darein, als wären sie brustlos.
Achtfüßer, Doppelbeköpfte, Handlose - doch nennt man diese
Krebse -, die aber zwickten die Mäuse am Schwanz mit dem Zangmaul,
Füße sowohl als Hände; selbst Lanzen konnten sie biegen.
Diese nun fürchteten alle die Mäuse und harrten nicht länger,
sondern sie flohen dahin; doch sank schon nieder die Sonne.
Und so war dieser Kriegszug an einem Tage vollzogen.

(Die erste Fassung erfolgte vom 23. VIII. bis 25. VIII. 1948,
die zweite, vielleicht verschlimmbesserte, vom 27. X. bis 30. X. 1985)

Tagebuch 8

Eines Mannes
Worte an und über
Frauen
des Alten Testaments

Judith

Was wundert dich, daß du allein
im dicht verhang'nen Zelt
die endlos lange Nacht
bei düstrem Fackelschein
auf tränenfeuchtem Pfühle zugebracht,
vom Jubelschrei des Volks nicht mehr umgellt,
das du mit eines Dolches Schnitt und Stoß
von Holofernes' harter Macht
nicht weniger bedenkenlos,
als er in deinem Schoß
geruht, befreit?
In alle Ewigkeit
wirst du sein Bild nicht los,
so wenig wie das Fühlen seiner Leibeslast,
und wenn du meinst,
daß etwas Andres dich im Halse kröpfe,
so irrst du dich.
Das ändert niemals sich,
auch wenn du weinst,
als ob der selt'ne Gast
den schrecklichsten Verdacht
auf den Begehren schöpfe,
wenn du ein Messer ohne Hast
nur so vom Tische räumst
und selbst, wenn er das Lager mit dir teile,
er beim Liebkosen bebe,
derweilen er nur acht
auf deine Hände gebe,
du aber über seinen Leib dich bäumst,
damit er nicht noch gleicher Nacht
aus deinen Armen eile,
da du von Männern ohne Köpfe
beim Beischlaf träumst.

AT, nach dem deuterokan. Buch Judith

Susanna

Wer wie dein ehrenwerter Mann
Joakim einen Garten
von solchem Reiz besitzt,
für deine ungehemmte Lust
darin zu wandeln, wann
mit dumpfer Glut
die Mittagssonne
selbst der Knaben Blut
zur Liebeswonne
verderblich hitzt,
der sollte auch von Greisen noch erwarten,
die ihrer Kraft der Lenden
zu später Gier bewußt,
daß sie als Juden im Exil
des Sündenpfuhles Babylon
die Augen nicht zu wenden
vermögen, nur um Jahwes Lohn
in einer andern Welt,
von einem so begehrenswerten Ziel
wie einer schönen Frau,
die lichtumhellt
wie eine Rose zart im Morgentau
den Leib im Bade netzt.
Das, glaubst du, hätte man,
ward dein erlogener Verfehl
den abgewies'nen Alten
vor dem Gericht geglaubt,
mit deinem schönen Leib getan?
Kam nicht zu Wort
der Jüngling Daniel,
nach der Erfahrung für zu jung gehalten,
er läge jetzt
besudelt und bestaubt,
vom Steinigen zerfetzt
an scheu gemied'nem Ort.
Leicht möglich, daß ein Richter,
der andern Sinns, weil andrer Zeiten ist,
solch teuflichem Gelichter
die Strafe seiner Schuld ersparte
allein, weil du es bist,
die ihre Schönheit nicht genug

bedeckte und bewahrte
vor dem durch sie betörten Blick.
Du aber trügest Schuld,
daß deine Schönheit noch in Fesseln schlug
die beiden geilen,
schon altersgrauen Hunde,
die du mit frommem Munde
in unerbittlichem Versagen
so umjaulter Huld
verführt zu Lug und Trug.
Du solltest also dein Geschick
nicht mehr beklagen,
jedoch mit deinen Dienerinnen eilen,
mit lautem Hosiannah
den Jüngling zu lobpreisen,
der mit gefährlich schwachem Trick
den Ruf der Keuschheit dir gerettet
in alle Ewigkeiten fort.
Wer aber, wer, Susanna,
läg' jetzt zu Tod gebettet
und nicht zu Liebesruh,
die Alten oder du,
wenn sie der Sünde falschen Ort
mit eines und desselben Baumes rechtem Wort
vermocht zu heißen?

AT, Buch Daniel 13

Die Frau des Potiphar

Er könnte noch dort stehen
an deines Schlafgemaches dünner Wand,
wo, deines Winks gewärtig,
er immer stand,
und könntest unversehrt ihn sehen,
den Sklaven, Joseph, Jakobs Sohn,
wenn du, hoffärtig,
liebestoll in geilem Wähnen,
er werde dir mit seinen schlanken Händen,
mit Lippen, Zunge, Zähnen
berühren deine lässig halbentblößte Brust,
von deinem frechen Liede
an deines Bettes Rand
verlockt, und zitternd ob der unbekannten Lust
im kraftgeschwellten Gliede
dich endlich endlos schänden,
ihn nicht verbannt
zu seines Sichverweigerns Lohn
aus deinen Augen hättest,
dir selbst zum Hohn.
Auf deines Gatten, des Verschnittenen,
verwaistem Lager
in lang durchlittenen
Nächten hingestreckt, sättest
du fürder deinen leeren
Schoß mit heißen Tränen
des Gierens nach der Jugend
des Sklaven, der zu wehren
deiner weibischen Gewalt
mit frühem Mut der Tugend,
verlockend hager
von Gestalt
und zur Verführung zart,
den Mund umschlossen kaum
vom ersten Bart,
in deinen Armen nur den Mantel ließ,
und selbst im Traum,
wie er wohl einen Knaben quält,
daß er beschlafe
das unnahbar vermeinte Weib,
das ihn, den Sklaven, nicht verstieß,
obwohl es seinem Herrn vermählt,
es nicht vermocht,
als ob er damit strafe
seinen unberührten Leib,
er, der in seiner Reine
nicht ertrug,
wenn aus geschwärztem Docht
mit trübem Scheine
die Flamme schlug.
So sannst du ihm verrucht
mit Trug und arger List
auf Rache für die Flucht
aus deinen Armen.

Nun aber übe in der kalten Frist
der unbegehrten Huld
dich Tag und Nacht,
dich jenes zu erbarmen,
den in den Kerker du gebracht,
zu büßen deine Schuld,
statt noch am leeren Kleide,
das weniger zu Eigen ihm war
als er zu Eigen seinem Gott,
den Frauen halb zum Neide,
weil du die Frau des Potiphar,
und halb zum Spott,
dich zu erwarmen!

AT, I Mos. 37 ff

Dalila

Das hättest du nicht tun gesollt,
als war es dir ein Opfer hehren Sinns,
auch nicht um deines Volkes Heil,
von dem er, nur mit jenem Backen
bewehret eines Eselkinns,
viel tausend Mannen hat hinweggerafft,
daß du um schändlichsten Verrates Gold
ihn botest feigen Häschern feil,
wie einen Opferstier
vor dem Altar, den Riesennacken
gefesselt, hingestreckt,
zu matt im Schoße dir,
um sich bedroht zu wähnen,
doch seiner gottverlieh'nen Manneskraft
mit raschem Schnitt
in jene sieben Strähnen
seines Haars beraubt
und jetzt zum letzten Mal geweckt
von deinem Ruf „Philister hier!"
Er hat dein stetes Fragen
nach der verborg'nen Quelle seiner Stärke
nicht länger als der Freiheit Glück ertragen
und deiner weibischen Begier
aus Mannesstolz zu gern geglaubt,
daß er dir doch nicht grausam mehr verbärge,
was deinem Schoße höchste Lust verschafft.
Du wirst jedoch mit späten Tränen
die Tat um nichts auf Erden wenden,
auch wenn dein Herz sie schon bereut,
gedenkend seiner Ketten Qual,
derweilen sie, in Dunkels ew'ge Haft
ihn zu verstoßen,
ihm die Augen blenden.
Doch wenn die Haare seinem Haupt erneut
als Quelle seiner Kraft entsprossen,
dann wird er dich zum letzten Mal,
auch wenn die Augen ihm verschlossen,
beim Dagonfeste wieder sehen,
wird täppisch tanzen zu Schalmeien
und eures Pöbels tosendem Gelärme
und endlich zwischen den zwei Säulen stehen
grad in der Mitte eurer Tempelhalle,
ganz leise noch zu Jahwe flehen
und dann so gellend schreien,
bis seinem schwellenden Geärme
die Säulen schwanken, bersten und im Falle
des Heidengottes Tempelwände
mehr der Feinde seines Volks begraben,
als seine übermenschlich starken Hände
dahingestreckt vor Gazas Toren haben.
Dir aber wird, wie einst benommen
von seiner Muskeln Spiel und freudebleich,
als er zum Weib dich nahm
und dich beim ersten Mal,
dem Bergsturz gleich,
dem schweren Wasserfall,
mit seiner ganzen Mannheit überkam,
dein spitzer Schrei
nicht mehr wie damals frommen.
Dann wirst du jäh verspüren,
was es wirklich heißt,
den Mann, den Jahwe seinem Volk gesandt,
um des Verrates Gold,
das kalt wie deine Augen gleißt,
und nicht aus Liebe zu verführen,
die doch dein Herz ihm nicht empfand,
wenn dir ein Säulenstumpf

die Brüste überrollt,
wenn den verführerischen Leib,
den du nicht mehr vor ihm zu räkeln weißt,
ein Bronzebecken dumpf,
von Weihrauch dicht umqualmt,
der falschen Weiber greulichst falschem Weib,
Dalila, dir zermalmt,
wenn dir ein Balken zwischen deine Schenkel
fährt
und deinen Schoß zerreißt.
So kommt zum letzten Mal,
Dalila, über dich der Mann,
dem du der Liebe Dank so schal,
so schnöd gezollt,
und den auch dein Verlangen,
wenn auch die Augen es gewollt,
nicht mehr erkennen kann,
als nur dies' eine noch,
das zu erkennen dir vergönnt,
eh' du dahingegangen,
aller Anmut bar,
die dich verschönt,
und aller Huld,
schon leichenfahl
und todesstarr:
Daß niemals doch,
Dalila, eine
solch unerhörte Schuld
wie deine
in Ewigkeit verjährte
und ohne Strafe bliebe,
was du ihm niemals tun gesollt,
der dir, auf Mannes Weise hold,
vertrauensvoll gewährte
die Manneskraft der Liebe.

AT, Buch der Richter 16

Die Frau des Lot

Hast du wie alle andern Frauen
der Hirten deines Volkes nicht gelernt,
des Weges nur zurückzuschauen,
ob von der Herde sich ein Tier entfernt,
wenn jemals das gelobte Land,
das Jahwe euch verheißen,
in deines Mannes Lot
Gefolge du erreichen willst?
Warum hast du so oft dich umgewandt,
im Blick das kaum bezähmte Gleißen,
das nur der Frauen Not
um die Geburt des Sohnes kennt,
den du noch immer nicht
an deinen Brüsten stillst,
und minder nicht der scheele Neid
auf Fruchtbarkeit aus fremdem Schoß,
seit jenem unheilvollen Tag,
da ihr, von Abraham getrennt,
in weiterer Gemeinsamkeit Verzicht,
wie es bestimmte das geworf'ne Los,
fortan des eignen Wegs gezogen seid,
bis Sodom euch willkommen lag,
des Lasters ungemied'ne Stätte,
der Sündenpfuhl, zu tief gelegen,
als daß der dargebrachten Opfer Rauch
so rein und licht
wie von den Bergen auch
die Kraft zum Himmel aufzusteigen hätte
mit morgenfrühem Atemhauch
des nie vergessenen Gebets um Jahwes Segen,
wenn seine Sonne durch das Dunkel bricht
ums Hirtenzelt auf hoher Berge Warte.
Das kann der schwere Fettdampf nicht,
der von den gold'nen, dicht
und laut umlagerten Altären
der Tag und Nacht beschworenen Astarte
um tierich heiß umschlung'ne Leiber streicht
und zu der Unzucht hemmungslosestem Gewähren
der Menschen letztes Widerstehn erweicht.
Bist denn der Kargheit und der Lebensnot
des unentwegten Ziehens durch die Wüste

du jetzt in Sodoms Mauern so entwöhnt,
daß dir der schwere Spruch der beiden
von Jahwe euch gesandten Männer, ihr Gebot,
das grauseste Verhängnis zu vermeiden,
dich zu dem gottverfluchten Ort der Lüste
nicht umzudrehen,
noch stärker in den Ohren dröhnt
als dieses unheilsschwang're Wehen
des Sandsturms um den todgeweihten Ort,
den zu erretten vor dem Untergang,
mit Feilschen und mit Flehen
der fromme Abraham sich ausbedang
als seines Glaubens wohlverdiente Gabe?
Nimm deiner ganzen Habe
so wenig mit dir fort,
wie Platz ist in dem winzig kleinen Flecken,
der Zoar heißen soll
seit jener Stunde,
da das Maß der Frevel
wieder Jahwe voll
und Feuers Glut und Schwefel
aus dem Höllenschlunde
die Menschen jäh von ihrem Lasterpfühle
in Sodom und Gomorrha schrecken,
eh' sie der Leiber Lustgewühle
mit ihrem Leichentuch
aus Asche, Sand und Salz bedecken!
Bei deinem Leben
schau dich nicht um,
gehorsam Jahwes Spruch,
und eile, eile, taub und stumm,
mag auch die Erde beben,
verbrannten Fleisches widriger Geruch
die Kehle würgen,
dir in den Augen brennen!
Schau dich nicht um
nach Sodom dort!
Vielleicht wird dir zum Lohn
Gott Jahwe sich mit seinem Wort
vor allem Volk dafür verbürgen,
daß einen heißersehnten Sohn
du bald dein Eigen nennen
und so des Mannes Stamm erhalten wirst.
Schau dich nicht um, wenn auch
des Himmels Wölbung birst
im Donnerschlag des Weltenuntergangs entzwei
und Jahwes Feuerhauch!
Was schrillt dein Schrei,
was eilst du nicht von hinnen,
wovon erstarrt dein Blick,
als sähest du nach innen
ins Dunkel vor der grellen Glut
aus Angst vor deines Stamms Geschick?
Was stockt dein Fuß,
als träte er auf weißem Linnen
in einen doppelt großen Guß
von rotem Wein
und rotem Blut
aus deines trunk'nen Gatten Mund
und aus der Jungfernpein
in deiner beiden Töchter Schoß,
die er im Rausch entehrt,
als jenem gottverhaßten Los
der ihnen sonst versagten Mutterschaft
mit Weibestücke zu entgehen,
sie ohne Scham begehrt
des eignen Vaters Zeugungskraft?
Als hörtest du bereits den Schrei der Wehen,
als sähest du schon im Gebären
die Töchter schmerzenskrumm,
zwingst dich die ganze Herzensnot,
dich umzudrehen
und so zu sehen,
was Jahwe dir verbot.
Noch während Sodoms Glanz erlischt
und in Gomorrha der Astarte Lied verhallt,
der Strom der bittren Zähren,
der deinen Körper überspült,
mit jenem salzig scharfen Durste
vom Toten Meer vermischt
zu einer weißen Leichenkruste,
dich ganz in der Gestalt
des Leidens hüllt.
Wer aber ist,
der dich, das Weib des Lot,
der Neugier zeiht

und nicht der Herzensnot
im Anblick deines Endes
und deine Töchter ihrer Weiberlist
und deinen Gatten seiner Trunkenheit
und seiner unbewachten Triebe
in eines Neuen Testamentes
Glückseligkeit
der Liebe?

AT, Genesis 18 ff

Die Königin von Saba

Die Sänfte wiegt dich wohl nicht sanft genug,
daß dich der Schlaf nicht übermannen
auf einem weichen Pfühle
so wie jener kann,
nein konnte, der von dannen
dich auf den Armen trug
als König gar, doch mehr als Mann
in jener Nacht der süßen Schwüle
bei der Astarte halb
durchliebtem, halb durchtanztem Fest
um jenes gottverhaßten alten Kultes
erneut entstand'ne gold'ne Kalb,
dem Israel zu Füßen lag
und das es lockend nicht in Ruhe läßt
seit jenem schichsalshaften Tag,
da Mose eben erst vom Berge
der lodernden Begegnung
mit Jahwe, dem alleinen Gotte, kam
und unter sich wie ausgelass'ne Zwerge,
die Großen seines Volks voran,
die Kinder bis zum greisen Mann
ein solch umbuhltes
Gebilde sinnbetört und ohne Scham
umtanzen sah, daß, heil'gen Zornes das Gesicht
umwettert,
er die Gesetzestafeln, Unterpfand der Segnung
auf langem, hartem Weg in jenes Land,
das Jahwe seinem Volk verhieß,
am Fels des Sinai zerschmettert'
und eigner Hand
das Götzenbild vom Sockel stieß.
Hallt dir ihm Ohre noch des Unmuts Ton,
das harte Wort aus des Propheten Mund,
daß du den weisen Salomon
zum Götzendienste überlistet
mit der Verführung wohlgeübter Kunst?
Was war wohl, Königin, der eigentliche Grund,
der, die im Herzen unvertreibbar eingenistet,
dich mit dem Zwang naturentfachter Brunst
von Saba nach Jerusalem getrieben?
Tat dir der Königin Erfahrung Not,
wie man ein Volk, das sich als auserwählt
zu dünken wagt, regieren soll und kann,
daß du so lang in seinem Land geblieben?
War es die Weisheit, mit der Macht vermählt,
mit der es Davids Sohn dir angetan?
Steht dir nicht auch ein Reichtum zu Gebot,
mit dessen selbst geteiltem Glanz
sich kaum noch messen kann
ein zweiter Prunkpalast des Morgenlands,
den je ein Sterblicher, kein Gott bewohnt?
War es des Königs Wagnis des Verstands,
zu bauen seine vielgerühmten Mauern,
mit Quaderblöcken, tiefgegründet, riesengroß,
von Jahwes Zorn als Goldnes Haus verschont,
in alle Ewigkeit zu überdauern
des irdischen Verfalls gewohntes Los?
Hast du in ihm den gottgeliebten Sieger
beneidet um des Sieges süße Frucht
und gar als schwaches Weib
dem Manne es als Krieger
im Felde gleichzutun gesucht,
den Kettenpanzer um die junge Brust
geschnürt, dem zarten Leib
zum Schutz den Schild zur Linken
und in der Rechten das gezückte Schwert
auf hohem Roß von edlem Blut und bester Zucht
als Königin der Schlacht begehrt,
daß Männer deinen Streichen niedersinken,
da du von ihm in dieser Kunst belehrt?
War es das Hohe Lied zu seiner Harfe Klang,
das dich zu seinem Lager schon beschied
mit herrischem Verlangen

und deinen Leib in seine Arme zwang,
als deine Seele noch vermied,
ihm anzuhangen?
Hat denn von diesem Mann,
um den sich längst der Mythos
der Unfehlbarkeit seines Urteils spann,
als Frau es dich gereizt,
entsprechend unfehlbar zu wissen,
ob er, das Leben jenseits des Kokythos
aus Jahwes höchster Gnade
in Ewigkeiten nie zu missen,
so feierlich gespreizt
in düster ernstem Glanz
die heil'ge Bundeslade
beräuchernd zu umschreiten pflegt,
nicht nackt in trunkenfrohem Tanz,
wie einst der König David sich bewegt,
und doch, als gäbe es nur dieses eine Leben
nicht minder fortgerissen
vom Taumel des Astartedienstes, ganz
in seinem Mannestum erregt
und willig willenlos sich hingegeben
in langen Nächten deinem Leib,
der zärter zu ihm war als dieses Kissen,
das er zu dankendem Verbleib
beim Abschied in die Sänfte dir gelegt?
Ist es Verlegenheit,
daß du das Kissen streichelst,
ist es Gelegenheit,
daß du dir damit schmeichelst,
daß er dich nicht
wie seine Sklaventreiber
begierig grob
und geil erpicht
auf untertane Weiber
dich auf sein Lager hob
zu eurer letzten Nacht?
Gedenkst du seiner Augen
und seines Mundes nicht,
die, dich in Lieb und Seele einzusaugen,
die Weisheit zu verhindern nicht vollbracht,
als wäre übermenschlicher Verzicht
ihr einziger Bedacht,
das arme Menschenherz zu quälen
und ihm die Zeiten, da es ihm erlaubt
ist, daß es sich des Pochens freut
und in des Schöpfers Sonne einmal lacht,
mit ihrem Stundenglase vorzuzählen,
das Herz, das selbst, wenn es des Lebens fast
beraubt
ist, sich dessen zu erfreuen, sich nicht scheut
und an das Gute in sich selber glaubt,
das seines Schöpfers Hand ihm eingepflanzt.
Du fühlst den leisen Schlag in deiner Brust
und während du errötend dir das Antlitz fä-
chelst,
als habest du soeben noch voll Lust
mit Salomon ein letztes Mal getanzt,
da schaust du ob der Frage nach dem Glück
als aller Weisheit letztem Schluß
noch einmal nach Jerusalem zurück,
wo deine Liebe den Geliebten lassen muß,
und legst die Hand in deinen Schoß
und weinst und lächelst,
wie einer Frau es wohl gebürt,
die hofft und glaubt, es werde einmal groß
und stark und tapfer und so weise
wie einst sein Vater Salomon,
der Grund, das Ziel, die süße Last der Reise,
ihr erstgebor'ner Sohn,
den sie schon unter ihrem Herzen spürt.

AT, Paralipomenon II,9

Tagebuch 9

Bekenntnisse eines Beduinen

Die Wüste

Wo ließen je des Geistes unermeß'ne Schätze
sich reiner schlagen als aus jenem tiefen Spalt
der schon von Ewigkeit bestimmten Gegensätze
der Wüste und des Fruchtlands seit der Urge-
stalt?

An jenem Rande, wo sich Sand und Feuchte hassen,
da suche ich in meines Daseins kleinem Zelt,
wenn in der Nacht die Schatten wachsen, zu erfassen,
wie sie im Wechsel stets dem Tage zugesellt.

Da gleißt der Sonne Kraft aus scheuer Morgenröte
in Freiheit fort vom Aufgang bis zum Niedergang,
daß der Natur sie Leben gebe oder töte,
und uns're Freiheit heißt Gehorsam ihrem
Zwang.

Wie Üppigkeit im Widerstreit zu strengem Fasten,
so wird dem Geist in karger Wüste offenbar,
daß in der Wegelosigkeit des Schrittes Tasten
im Glück der Freiheit droht des Irregehns Gefahr.

Hier ist wie Himmelstau die seichte Wasserlache,
hier gibt das Trinken deinem Dürsten letzten Sinn,
hier sprechen alle Dinge eine and're Sprache,
hier ist Verzicht auf Lust schon aller Lust Gewinn.

Und treibt die schale Fülle mich hinaus zur Wüste
an unvereinbar fremder Welten schmalen Saum,
wird erst mein Beten wahr im Taumel falscher Lüste,
so bin ich ewig Reiter zwischen Tag und Traum.

Die Einsamkeit

In meinem Zelte lockt die Einsamkeit und wacht
wie eine Vettel voller Eifersucht darüber,
daß hier kein and'res Denken jemals breit sich macht
als das an Pferd und Dolch, an Kampf und Her-
denfieber.

Sie ist's, die Welt und Gott verachtend, hämisch lacht,
daß ich nicht gegen Weihrauch, Gold und
Myrrhe tausche,
wenn ich vom Zelte still in hoher Sternennacht,
dem Jetzt entrückt, der Harmonie der Sphären
lausche.

Mit schrillem Schrei treibt sie mich, zur
Gazellenjagd,
nach Fleische gierend, rasch den schnellsten
Hengst zu satteln,
wie über ihren spröden Herrn die geile Magd
voll Spotts ob meinem Mahl aus Wasser, Brot
und Datteln.

Nie leidet sie das Träumen vor der stillen Glut
und schiebet hechelnd Scheit um Scheit ins lohe
Feuer,
auf daß im Herzen mich bezwänge heiß das
Blut,
davonzureiten in das große Abenteuer.

Sie peitscht mich träumend halb, halb wachend,
voller Hohn,
aus tausend Höllen fern zum heilg'en Stein der
Kaaba,
aus tausend Himmeln nah zum sünd'gen
Babylon
wie König Salomon zur Königin von Saba.

Der Zug der Königin von Saba nach Jerusalem

Wo im Sand die Spuren dorren,
wo des Tags kein Mund gelacht,
tönt's bald schrill, bald dumpf, verworren
durch die stille Wüstennacht.

Schon läßt klarer sich vernehmen
Zimbelklang, Drommettenschall,
nähern sich wie Geisterschemen
Menschen, Tiere ohne Zahl.

Pferde steilen aus den Flanken,
scheuend vor der Fackeln Licht,
Mulis und Kamele schwanken
unter lastendem Gewicht.

Reiter hoch von Prunkschabracken
peitschen in der Träger Reihn
und es bäumen sich die Nacken
in der Ohnmacht stummer Pein.

Junge Menschen, kahl geschoren,
lechzen nach der Freiheit Luft,
für den Sklavendienst geboren
in des Bergwerks Totengruft.

Wie ein Wald von tausend Speeren
wogt es um der Sänften Zug,
zarter Mädchen keusches Wehren
bricht vor Tag der Männer Trug.

Klirrend zu dem Klang der Zimbeln,
stoßgefället Speer an Speer,
unter hochgereckten Wimpeln
rückt heran der Garde Wehr.

Schnaubend aus geblähten Nüstern,
stampfen Zelter stolz daher,
ziehn umglänzt von goldnen Lüstern
eine Prunkkarosse schwer.

Straußenfedern fächeln kühle
in der Hand der Dienerin,
hingestreckt auf weichem Pfühle
schlummert Sabas Königin.

Träumend wähnt sie sich am Ziele
in der heil'gen Salem schon,
wo ihr nachts mit Harfenspiele
huldigt König Salomon.

Rings umschwärmt von Kampfquadrigen
reitet mit der Trommeln Ton,
ob zum Sterben, ob zum Siegen
ihr geweiht, die Leibschwadron.

Nach der heil'gen Salem Toren
und des „Gold'nen Hauses" Pracht
schwinden Glanz und Klang, verloren
wie mein Träumen in der Nacht.

Salomon und die Königin von Saba

Frieden lag über „der Stadt auf dem Berge",
sichernd der Menschen alltägliche Werke,
ehe aus Saba die Königin kam.
Seither durchwimmelt das Fremde die Gassen,
Israels Kinder im Neide erblassen,
schmeichelnd und zürnend vor Gier und vor
Scham.

Alle die Großen, geladen als Gäste,
kommen besonnen zum heiligen Feste
ihrer Befreiung aus Knechtschaft und Not.
Endlich erhebt sich der König im Saale,
Jahwe zu spenden den Wein aus der Schale,
dankend zu brechen das gastliche Brot.

Nah ihm gelagert nach Würde und Alter
speisen genügsam des Reiches Verwalter,
weise des Manna der Alten gedenk.
Plötzlich entquillen den engen Portalen
Sklaven mit Truhen, Schatullen, Pokalen
kostbarster Schätze als Sabas Geschenk.

Schellen erklingen und zarte Schalmeien
raunend durchläuft es die harrenden Reihen:
Sabas Gebieterin tritt in den Saal.
So wie der Mond in der Sterne Geleite
schreitet gehüllt sie in schimmernde Seide,
bittet den König zum eigenen Mahl.

Alles, was Auge und Zunge ersehnen,
bringen die Sklaven auf gold'nen Patenen,
köstlich verlockend in wirrender Zahl.
Was bisher fremd war dem jüdischen Wesen,
findet man immer mehr fein und erlesen,
zögernd allein ob der reichlichen Wahl.

Um auch die Stärksten der Starken zu blenden,
läßt da die Herrin zur Sklavenschaft senden:
Goliath gleich, tritt ein Hüne herbei.
Eh' ob des Ausgangs geschlossen die Wetten,
sprengt er im Aufschrei die eisernen Ketten:
„Sehet, so brechen Gesetze entzwei!"

Nun auch in Greisen noch Lust zu entzünden
oder der Jugend Gefühl zu ergründen,
leise gebietet der Königin Wort.
Schlängelnde Nacktheit, ekstatisches Lallen
bäumen sich auf und verstummen im Fallen.
„Schauet, so tanzt man die Hemmungen fort!"

Um auch den König zuletzt zu gewinnen,
schickt sie den treusten der Sklaven von hinnen,
lächelnd empfängt sie ihn wieder zurück.
Lächelnder reicht sie auf goldnem Brokate,
duftend geöffnet die Frucht der Granate.
„Schauet, so ißt Euer König das Glück!"

Kaum hat der König der Kerne genossen,
ruft der Prophet aus dem Kreise der Großen:
„König, gedenkst unsrer Väter Du nicht?
Hast Du, im Rausche des Weines vermessen,
hast Du im Taumel der Sinne vergessen,
daß Deine Weisheit gebietet Verzicht?

Hast bei der Königin lockendem Spiele
Du schon vergessen der Knechtschaft am Nile,
der zu gedenken uns heiligste Pflicht?
Wehe, daß Jahwe Dir nehme die Krone
und Dich verstoße vom wankenden Throne,
ewig verfallen dem letzten Gericht!"

Kaum hat der König die Worte gehöret,
weiset er, tief schon im Herzen betöret,
barsch den Propheten hinweg aus dem Saal.
„Kann Deinem Geist meine Liebe nicht taugen?",
fragt ihn die Herrin mit traurigen Augen,
still schon gewendet zur Nacht voller Qual.

„Mögen die Priester die Sünder bekehren,
nimmermehr aber den König belehren,
wie zu behandeln ein fürstlicher Gast!
Wenn mir die Großen den Abend verdrießen,
sollen die Kleinen die Nacht mir genießen,
gänzlich befreit von der täglichen Last!"

Und er gebietet die köstlichen Waren
aus den beengenden Mauern zu fahren,
fort aus der Priester verwehrender Macht.
Allüberall in den Hainen und Grotten
Jugend und Alter zusammen sich rotten,
einig in sinnenbetörender Nacht.

Um diesen Dämon im Bildnis zu schauen,
rasch einen Fetisch der Lüste sie bauen
und schon umgellet ihn jauchzender Ton.
Lange entwöhnet dem lustvollen Prassen,
lassen sich alle vom Taumel erfassen,
frei vom Gesetze mosaischer Fron.

Lächelnden Blicks von der hohen Standarte
strahlet das Bildnis der Göttin Astarte,
lustvoll erregender Kraft sich bewußt.
Flackernde Lichter und flackernde Schatten
gaukeln durch Höhlen, durchschwärmen die Matten,
trunken, erlegen bacchantischer Lust.

Einzig zwei Menschen, die schauen nicht irre,
einzig zwei Menschen, die stammeln nicht wirre,
wenn sie auch äuß're Erfüllung verspürt.
Als von den Augen gefallen die Larve,
offen die Herzen dem Klange der Harfe,
haben sich scheu ihre Seelen berührt.

Wenn auch der dämmernde Morgen die beiden,
König und Königin, zwingt sich zu scheiden,
nichts ihre Seelen zu trennen vermag.
Und er bekennt ihren fragenden Augen:
„Weisheit kann ohne die Liebe nicht taugen!"
Tränen und Lächeln vergehn vor dem Tag.

Die Rose von Jericho

Es schnaubte mein Rappe, es scharrte sein Huf,
nicht hat's mich im Zelt noch gelitten.
Von ferne erklang es mit lockendem Ruf,
da bin in die Nacht ich geritten.

Nicht stäubte der Mond den gespenstischen Ritt
mit silberversprühenden Schauern,
bis endlich verglommen der blitzende Tritt
im Dunkel vor Jerichos Mauern.

Zäh mahnte der Nachtigall schluchzende Klag',
die spähenden Häscher zu meiden,
da wagt' ich die herrlichste Rose vom Hag
mit achtsamen Händen zu schneiden.

Ich suchte, den Purpur mit perlendem Tau
in Seide aus Gaza zu bergen,
zu fliehn in der Wüste verwirrenden Grau
vor grimmig verfolgenden Schergen.

Eh' überm Palaste verschwunden der Mond
und eh' die Gestirne verblichen,
da ist schon die Wache, zu wehren gewohnt,
dem blitzenden Säbel gewichen.

Schon hab' ich vom Sattel zum hohen Altan
behende hinauf mich gezogen
und stürmte auf düsteren Treppen hinan
durch wirrende Gänge und Bogen.

Jäh streckten sich blinkende Lanzen hervor
und, tödlich gezückt, Hellebarden,
das Leben erhoffend durchbrach ich das Tor,
bereit, auch den Tod zu erwarten.

Mild sonnte das Licht in das Hohe Gemach,
liebkosend der Königin Wangen;
hold bebte ihr Mund, in die Knie ich brach
und stillte der Lippen Verlangen.

Da hob sie die Lider, mir wallte das Blut,
still reicht ich mein duft'ges Geschmeide:
Wie lebte die Rose in purpurner Glut
auf Gazas hellschimmernder Seide!

„Du küßtest den Mund, den ich nimmer dir bot,
und schlugst mir die Wächter zu Schanden.
So spür', wie die Rose verbleichend im Tod,
wie Herrinnen Freveltat ahnden!"

Es schnaubet mein Rappe, es scharret mein Huf,
mich kann es im Zelt nicht mehr leiden.
Der Sehnsucht Gedanke ein Traumbild mir schuf.
Wach muß in mein Tagwerk ich reiten ...

Dürsten

Vom Jordan träumt,
wer Judas Wüste haßt,
am Euphrat säumt,
wer scheut der Sonne Glast.

Der Jordan kennt,
der Euphrat meinen Schrei,
die Wüste trennt
die Liebe mir entzwei.

Denn sie ist fort
aus meinem Zelt geflohn,
ihr Liebeswort
hört längst ein andrer schon.

Der Jordan nicht
und nicht des Euphrats Flut
mein Dürsten bricht
nach ihrer Liebe Glut.

Lethe

An meiner Seele Ufern
nagt ein fremder Fluß,
Dich mir hinwegzurauben,
Deine Spuren fort.

Den Kieseln, stummen Rufern,
daß berührt Dein Fuß
mein Land, wehrt er den Glauben
an der Liebe Hort.

Der Hoffnung Blüten reißt er
aus vertrautem Grund
in seine dunklen Tiefen
ohne Wiederkehr.

Ein Wort an Dich verweist er
meinem stummen Mund.
Es ist, als ob entschliefen
mir die Sinne schwer.

Ist dies das Werk der Lethe,
daß ich Deiner nicht
mehr soll gedenken oder
ist es Deines gar?

Was nützt es, daß ich bete
um der Liebe Licht,
wenn Du in Nacht und Moder
läßt, der gut Dir war?

Judas, Sohn des Iskariot

Dich, Judas, Eiferer, Sohn des Iskariot,
sah erst verlegen ich im Ölberggarten,
da Er sich deinem Kusse nicht versagt,
erschüttert dann, als Er der Tode ärgsten Tod
am Kreuz, entgegen deinem Wollen und Erwarten
zu sterben als der Gottes Knecht gewagt,
und endlich sah ich dich nach Hakeldama fliehn,
wie Feuerglut die dreißig Silberlinge
verzweifelt, Pharisäerlachen noch im Ohr,
fortwerfen, schnöder Habsucht bar, doch angespien
vom eigenen Verrätermund, die Schlinge
schon um den Hals, und hörte dich am Tor
des Eintritts in der sichersten Gewißheit Haus,
daß Geist nicht sterblich ist, zum Himmel
schrillen:
„Warst, Nazarener, Du ein kranker Narr?
Brachst Du den Alten Tempel um des Neuen Baus
und des Gebots des Glaubens, Hoffens willen,
zuhöchst der Liebe?“, fielst und wurdest starr.
Der Narr, nicht abzuwarten jenen dritten Tag,
da Christus aus dem Tod erstehen wollte,
und Kleinmuts Opfer, Judas, selbst du warst.
Wer's kann, der fasse es: Du, dem am Herzen lag,
da Er Unsterblichkeit beweisen sollte,
hingst tot, als Ihm des Todes Gruft zerbarst.
Ich bin verlegen nicht, erschüttert nicht darum,
ich bin verzweifelt, daß als Beduine
ich, diesem Juden gleich, nicht fürder kann
mich vor Gewalttat wehrlos krümmen, lammesstumm,
wie jener Christus lehrte, daß, wer diene,
seh' einst zum Lohn den Himmel aufgetan.
Wer oder was hat, Judas, dich bestimmt zur Tat,
war's Kismet - Zufall scheidet aus - dein Planen,
unsterblich Ihn zu schaun, des Vaters Huld,
die Kinder seiner Schöpfung zu erlösen? Hat
da jemals wer die Gnade, nun zu ahnen,
zu wissen, Judas, gar um deine Schuld?

Die Nomadin der Liebe

Leis knirscht der Sand
bei ihrem Schritt,
heiß folgen meine Blicke mit.
Böt' ich die Hand,
nähm' sie es an
von einem, der sie gäb' als Mann?

Ihr Blick mich hält:
Sei still, kein Schrei,
mein Herz, sie geht an mir vorbei
zu einem Zelt,
das dem gehört,
den sie nach mir zunächst betört.

Leis knirscht der Sand
bei ihrem Schritt,
heiß folgen seine Blicke mit.
Bot sie die Hand
und mehr ihm an,
gab sie sich ihm als einen Mann?

Da gellt sein Schrei,
sie hält es nicht,
geht leichten Schritts und ihr Gesicht,
wie einerlei,
schaut unverwandt
dem Schritt voraus im losen Sand.

Die Gazellenjagd

Die Sehne klingt,
es schwirrt der Pfeil.
Mir dröhnt des Herzens Pochen,
wie die Gazelle springt,
noch einmal steil,
eh' sie zu Boden sinkt,
die Seher schon gebrochen.
Ihr toter Blick tief wie der Pfeil
mir in die Seele dringt.
Die Zimbel klingt,
die Laute mit.
Mir dröhnt des Herzens Pochen,
wie die Nomadin springt:
Gazellenschritt.
Als von Gazellenjagd sie singt,
fühl ich, ins Knie gebrochen,
im Herzen, was das Tier erlitt,
da mich ihr Pfeil durchdringt.

Die Fata Morgana

Wo schattende Palmen sprießen
in perlendem Morgentau
und silberne Quellen fließen
in blütenprangender Au,
da singen, geschmeidebehangen,
die Huris betörenden Sang
und stillen des Mannes Verlangen
und Lust eine Ewigkeit lang

Vom Brunnen Zem-Zem in Krügen
geschöpft, die nimmermehr leer,
das Wasser in vollen Zügen
verkostend, lagern umher,
die Allah zu seligem Träumen
geladen und köstlichem Mahl,
zu enden des Glückes Versäumen
im irdischen Jammertal.

Schon spür' ich der Huri Liebkosen
mit wonniglich streichelnder Hand,
da deckt mich mein Rappe im Tosen
des Sturms vor dem geißelnden Sand.
Vom Wahnbild des Durstes geblendet,
verfiel ich des Wüstenlichts Trug,
hätt' nicht sich mein Rappe gewendet
zum Zelte und Quelle und Krug.

Die Fantasia

Stille, dran sich zu ergetzen,
währet kaum
einen Atem lang,
habet doch vom Wüstensaum
du ein hechelnd' Hetzen,
dunkle Augen weitet bang,
süß zugleich, Entsetzen;
Burnusflattern, grün, weiß, rot
über staubbewölkter Fläche
Säbel und Gewehr umloht;

Tausend Schreie, tausend Kräche
lassen tausend Herzen zittern,
eh' die Reiter,
Allahs Streiter,
ihre edelschlanken
Pferde vor der Menschen Gittern
reißen auf den schweiß' gen Flanken
jäh herum.

Unverweilet unterm Gellen heis'rer Rufe
schon entprescht die Kavalkade
im verebbenden Getrommel rascher Hufe,
dann verharret stumm
rings die Menge
und verspürt des Staubes Fade
auf gepreßter Lippe Enge.
Nur die buntverhüllten Brüste
schlang gewachs'ner Frauen beben
schon im Vorgefühl der Lüste,
sich dem Reiter hinzugeben,
der sie wählt ...

Soll ich fluchen, soll ich lachen
über all dem Spuk,
der noch die Gemüter hält?
Schon mein Knotenstecken,
sonder Säbel und Gewehr,
dieses Rittes hohles Krachen
zu verspotten, längst genug
und befreiend wär'
Lämmer fürder nicht zu schrecken.
Prüfend schaue ich umher:
Mut ist nirgends zu entdecken,
Anmut sich verhüllt, verhehlt.
Zornig wie sein Herr mein Schecken
fort mich trägt zum leeren Zelt.

Das Reh

Mädchen mit dem Blick des Rehs,
das noch vor der Abendröte
mein Geschoß ins Leben traf,
tausend Pfeile tiefen Wehs,
klingenscharfe Seelennöte
kreuzen Wachen mir und Schlaf.

Rehlein, mit dem Blick der Maid,
die mich jagt um deiner willen
und um ihrer willen scheut,
heiße Lust an Jagd und Waid
stolzen Sinns und frei zu stillen,
hat das je ein Mann bereut?

Gebet

Halt, Herr der sieben Himmel
und der Erde
und aller Welt
mir das Gewimmel
von Ungeziefer samt der Pest
von meiner Herde
und meinem Zelt
im Lauf der Monde fern!
Ich dank' es Dir
am Sommersonnwendfest
mit meiner Herde
untadeligsten Tier
von Herzen gern.
Laß auch bei Krieg
und heißer Jagd
mir nicht die Waffen rosten
zu Beute und zu Sieg
und täglich mich
die Süße meiner Magd
zu saurer Milch und Brot verkosten,
dann will beim Wintersonnwendfest
ich, Herr des Paradieses, allerbest'
und laut lobpreisen Dich.

Der Rivale

Drei Tage geht
sie um das Grab,
das ich ihm aufgehäuft
noch jenes Abends hab',
da er von meinem Dolche fiel.
Drei Nächte weht,
wenn wie ein Hund
sie um das Steinmal läuft
so blicklos ohne Ziel,
ein Klagen ihr vom Mund.

Was kam er zu der Stelle,
wo ihm kein Recht am Wasser eingeräumt,
frech um das Kleinod meiner Quelle,
die, mir ein Lebensborn, dem Fels entschäumt,
den Kampf mir bis aufs Messer anzuprahlen?

Er mußte wissen, daß ein freier Mann
nicht irgendwo noch wie einen Rivalen
je näher, als sein Speer trägt, dulden kann.
Was also ficht sein Tod, ihr Leid mich an?

Schon will ich nach des Rappens Zügeln greifen,
da seh ich nahen sie in wachsend stolzem Gang
und hör das leise klirren ihrer Silberreifen
an Fuß und Hand erschwellen zum Orkan
in meiner Seele, und unsagbar bang,

als wollte meine Antwort sie vermeiden,
tastet sich ihres Blickes Fragen zu mir her,
ob ich ihm nur die Quelle neiden
tat oder mehr ...

Du

Du ließest mir die Augen blenden,
weil sie Dich, Königin, in Liebe angesehn.
Du ließest nicht geschehn,
daß meine Zunge Dir gewollt von Liebe sagen,
Du ließest, meines Herzens Schlagen
voll Fühlsamkeit für Dich zu enden.
Die Augenhöhlen glosten leer,
von letzter Tränen Feuchte ausgebrannt,
das Lied der Liebe singt mein Mund nicht mehr,
seit Du es zu verstummen fortgebannt.
Du magst mein Herz zu blut'gem Raube
vorwerfen dem gefräßigen Schakal,
zum Fraß der grausen Schar der Geier,
doch, Königin, bei meiner Liebe glaube:
Du wirst von der Erinnerung nicht freier
als ich im Tode von des Lebens Qual!

Harmagedon

Ich spotte
Deiner, Welt,
und Deinem Schöpfergotte,
der mich nicht hält,
wenn einst der Tuba Ton
die Ebene von Jezreel durchgellt,
von den gebroch'nen Wällen von Harmagedon
hinabzupreschen, frei vom Spruche
des angedrohten Endgerichts
wie vom ererbten Fluche
des irdischen Verzichts,
im letzten Ritte mit verhängten Zügeln
in jenes Feuers Wesensreine,
daß, gleich dem Phönix mit erneuten Flügeln
sich hebend in die Ewigkeit,
die Seele endlich sich vereine
mit des Vergessens Seligkeit
im Nichts.

Rosen, Seide und Gold

„Wohin des Wegs?“
Sie fragt es bang.
„Nach Jericho,
auf schnellem Roß zu eilen,
des Rosenhages
purpurne Pracht
aus Perlentau und Morgendust
durch einen langen Tages
Gestein und Sonnenloh’
beim Sternenglanz der Wüstennacht
Dir um die Brust
zu teilen ...“
„Woher des Wegs?“
Sie weiß es lang.
„Von Jericho
bei Dir zu weilen.“

„Wohin des Wegs?“
Sie fragt es bang.
„Nach Gazas Strand,
auf schnellem Roß zu fliegen,
der Tage sieben
geschwinden Flug
nicht zu verzögern im Verbleib
von Sehnsucht fortgetrieben,
als Werk geübter Hand
an Samt und Seide kaum genug
Dir um den Leib
zu schmiegen ...“
„Woher des Wegs?“
Sie weiß es lang.
„Von Gazas Strand,
bei Dir zu liegen.“

„Wohin des Wegs?“
Sie fragt es bang.
„Zum Lande Punt,
auf schnellem Schiff zu fahren,
ein Goldgeschmeide,
wie keines war,
eh’ noch vergangen ist ein Jahr,
zum Glanz der Seide
in hochzeitlicher Stund’
zu legen Dir ums volle Haar,
und wär’ es gar
nach Jahren ...“
„Woher des Wegs?“
Sie weiß es lang.
„Vom Lande Punt,
bei Dir zu harren.“

„Wohin des Wegs?“
Sie fragt es bang.
„Nach Jericho,
zu Gazas Strand,
zum Lande Punt?“
„Werd ich noch so
von Dir gefragt,
hör’ unverzagt:
„Nach nirgendwo“‘“

„Woher des Wegs?“
Sie weiß es lang.
„Von nirgendwo,
zu keinem Land,
zu keiner Stund!“
Wie er begann
der lange Ritt,
seit Jericho
war er vertan
vom ersten Schritt.
Weißt Du, wieso ...?

Leben und Liebe

Wer niemals bis ins Mark erbebt,
wenn vor dem Sprung und Prankenschlag
der Löwe sein Gebiß gebleckt,
wer nie, mit Blut und Staub verklebt,
im Todesgraun des Sandsturms lag,
mit wunder Zunge nicht des Felsens Schweiß
in Dürstens Feuerqual geleckt,
wer nie sein Sterben überlebt,
weil ihn des Todes Krallen leis
im Hirtenmädchen an ihr Herz entzog
und ihn um nichts in ihrem heil'gen Trick
als mit der Liebe ihres jungen Lebens
um seine Sehnsucht nach dem Tod betrog,
daß er in Ewigkeit in ihren Armen bliebe
um einer seliger erlebten Liebe Preis,
dem fiel des Menschenglückes Los vergebens,
da er um Leben nicht noch Liebe weiß.

Tagebuch 10

Trinklieder,
frech - bieder,
liebes Mädchen, zum Entgelt,
daß ewig
Dein Erscheinen meine Welt
so selig
endlich wieder ganz erhellt.

Trinkers Dank

Schon färbt sich bunt der Reben Laub,
um Bacchus' Haupt gewunden.
Hat je der Gott in Schweiß und Staub
beim Ernten sich geschunden?

Wie dem auch sei, der Kiepe Last
hab' stets ich nachempfunden,
wenn ich bedächtig ohne Hast
mir kühlen Wein ließ munden.

Ich möcht' zum Dank für jeden Schluck
und jeden edlen Tropfen
dem Winzer, statt der Kiepe Druck,
auf seine Schulter klopfen.

Wie möcht' ich all' die Mägdelein,
die sich mitplagen müssen,
zum Danke für den gold'nen Wein
liebkosen, herzen, küssen!

Wein oder Weib

Ich weiß ein Weinchen reifen
in einem vollen Faß,
ich weiß ein Weibchen keifen
und beides macht mir Spaß.

Ich weiß, aus Weines Gären
wird einst ein kühler Trank,
ich weiß, aus Weibes Zähren
wird ein gar heißer Zank.

Bald Faß, bald Weib zum Schmusen
die Weil und alle Weil
mir bieten Bauch und Busen
gar wohlgefällig feil.

Mich recht zu verlustieren,
fühl ich mich Tag und Nacht
in wechselndem Gustieren
auf den Geschmack gebracht.

Doch müßte ich entscheiden
für Wein mich oder Weib,
dann ließ' sich schwerlich meiden
des Weines Zeitvertreib.

Die Versuchung

Noch gar nicht lang ist's her,
da saß ich auf dem Trockenen,
den Piepenbeutel leer.
Da kam mir dem Erschrockenen
der Teufel in die Quer.

Das war ein arger Schock,
denn mitten in der Wüstenei,
da fragte dieser Bock,
was hier denn mein Gelüsten sei,
und packte mich am Rock.

„Schlägst du aus diesem Stein",
begann ich ihn zu köderen,
„ein' Quell von bestem Wein,
dann sei mir nicht vonnöteren,
als dein Gesell zu sein."

Schon schlug sein Pferdefuß,
ich konnt' es gar nicht glauben noch,
dem Wein zu freiem Fluß
im Stein ein hufegroßes Loch
und lud mich zum Genuß.

Da tat ich furchtbar schrein:
„Verwandle mir, Herr Jesu Christ,
in Wasser diesen Wein!
Wenn dann mein Durst gelöschet ist,
sei meine Seele Dein!"

Zu Wasser ward der Wein.
und Satan spie sein Schwefelgift
mit Höllenwut hinein.
Drum trink ich Wein, wenn es sich trifft,
bald Wirt, bald Gast zu sein.

Tanja

Tanja, laß die Röcke rauschen,
tanze hin, tanze her,
bis sie sich immer mehr
wohlgefällig bauschen.
Stoi! Spassibo, Tanja, Tanja,
do swidanija, do swidanija!

Tanja, Deine Beine nennen
alle schön anzusehn.
Laß es mich bei dem Drehn
auch einmal erkennen!
Stoi! Spassibo, Tanja, Tanja,
do swidanija, do swidanija!

Tanja, Deine Augen blinken
gar so hold. Mehr als Gold
habe ich stets gewollt,
daß sie lieb mir winken.
Stoi! Spassibo, Tanja, Tanja,
do swidanija, do swidanija!

Tanja, laß von Deinen Lippen,
küssenswert, heißbegehrt,
was der Himmel nur beschert,
mich ein bischen nippen!
Stoi! Spassibo, Tanja, Tanja,
do swidanija, do swidanija!

Tanja, daß ich küss' und kose
Deine Brust, voller Lust,
wird beseligend bewußt
mir in Deinem Schoße.
Stoi! Spassibo, Tanja, Tanja,
nitschewó i do swidanija!

Die Wirtin

Die Sonne scheint:
Im vollen Glas
ein edler Tropfen funkelt.
Die Wirtin meint,
daß ihn das Faß
zur Reife lang umdunkelt.

Der Regen rauscht:
Im vollen Glas
ein edler Tropfen schimmert.
Die Wirtin plauscht,
daß ihm das Faß
ein fixer Bursch gezimmert.

Bei Schnee und Eis
im vollen Glas
ein edler Tropfen blendet.
Die Wirtin weiß,
daß ihn das Faß
bis auf den Rest gespendet.
Der Tag vergeht:
Im leeren Glas
kein edler Tropfen blinket.
Die Wirtin fleht
und statt zum Faß
bin ich ins Bett gehinket.

Zu jeder Zeit
ein volles Glas
mit einem edlen Tropfen
wär Seligkeit,
statt solch ein Faß
auf ewig zu verpfropfen!

Die Traube tränt
ins alte Glas
ihr mir verwandtes Weinen,
die Wirtin wähnt,
das alte Faß
werd' uns erneut vereinen.

Die Treulose

Ein Mägdelein
beim Sonnenschein
trug sanft ich in den Schatten.
Die Sonne sollt' nicht neidisch sein,
weil wir so lieb uns hatten.

Ein Mägdelein
beim Mondenschein
und Glanz der Silbersterne
ließ nachts mich in ihr Kämmerlein
so ganz von Herzen gerne.

Beim Sonnenschein,
beim Mondenschein
sah ich es nie mehr kommen.
Ein and'rer hat mein Mägdelein
mir einfach weggenommen.

Der Sonnenschein,
der Mondenschein
sehn jetzt am alten Platze
mein ungetreues Mägdelein
mit ihrem neuen Schatze.

Zwei Hüttlein

Es steht ein Berg im Alpenland
mit Wasserfall und Felsenwand,
dort kraxle oft ich hin.

Zwei Hüttlein stehen auf der Alm,
aus beiden quillt der gleiche Qualm,
doch anders ist's darin.

Im linken eine Alte schürt,
im rechten sich 'ne Junge rührt.
Ist das kein Unterschied?

Die Junge bietet Kuhmilch an,
die Alte aber Enzian:
Ist auch ein Unterschied.

Bald trink ich Milch vom Zauberfaß,
bald wird das volle Becherglas
in einem Zug geleert.

Wie tauschte gern in jedem Haus
ich beiderlei Getränke aus!
Das wär das Kraxeln wert.

Die Eiche

Es wuchs einmal ein Eichenbaum
so breit und hoch, man glaubt es kaum
von dieser Eiche, Eiche.
Sie sah wie Wotans Eiche aus
und ächzte schwer im Sturmgebraus,
wie eben eine Eiche.

Da kam einmal ein armer Mann
und staunte diesen Riesen an
von einer solchen Eiche.

Tief hat der Arme da geschnauft
und stracks den Baum auf Pump gekauft,
die Eiche, ja die Eiche.

Da wuchs ihm täglich Stück für Stück
mit diesem Baum des Hauses Glück,
mit dieser Eiche, Eiche.

Bald hat der Reichtum ihn verlockt,
sein Herz ward herrisch und verstockt
wie diese Eiche, Eiche.

Schon tat er saufen wie ein Loch
von Tag zu Nacht ward's ärger noch
durch diese Eiche, Eiche.

Die Armut war zurückgekehrt,
als Hab und Gut ihm aufgezehrt,
durch diese Eiche, Eiche.

Da hat der Mann den Baum verflucht
und sich zehn Holzknecht ausgesucht
für diese Eiche, Eiche.

Doch als sie fiel beim Abendrot,
schlug ihn die Eiche mausetot,
die Eiche, diese Eiche.

Zehn Küfer schufen tausend Faß
ein Jahr lang ohne Unterlaß
von dieser einen Eiche.

Das erste Faß ward ihm zum Sarg,
eh' ihn die Mutter Erde barg
als Leiche dieser Eiche.

Der Götter Neid

Was kommen all die Wolken her,
um Wasser abzuschlagen,
statt besten Weins ein ganzes Meer
tagtäglich herzutragen?

Was zwingt die Sonne, ihren Glanz
dem Wolkendunst zu beugen,
statt einen Wein „mit langem Schwanz"
mit Mutter Erd zu zeugen?

Was perlt der Mond sein Silberlicht
auf Liebende herunter,
zeigt sich jedoch des Trinkers Sicht
in wirrem Kunterbunter?

Das ist, bei Gott, der Götter Neid,
uns menschlich zu vergönnen,
daß wir beim Wein des Lebens Leid
kurzweilig gern entrönnen.

Der Mönch

Im Bayernland a Möncherl dick
in oanem reichen Kloster
war rings bekannt für sein Geschick
als braver Kellermoaster.

Ihm war koan Kölch nit groß genug
bei seiner heili(g) Messen,
an Hostien hat er wie im Flug
zwoa Händvoll aufgegessen.

Oan Tags da schrieb er ans Konzil
zum Babst nach Rom hinunter,
ob man statt Wein erlauben will
a Bier zum Wandlungswunder.

Dös hat die Hohe Kurie
so grimmig eschoffieret,
daß sie wie eine Furie
in exkommunizieret.
Da schprang dös Möncherl aus der Kutt
mit ganzer Seel und Leibe
und nahm net ungern seinen Hut
mitsamt oam reichen Weibe.

Dann hielt er Federvieh und Säu
statt einer heilig' Messen,
gewohnt zu kühlem Klosterbräu
zwoa Haxen aufzuessen.

Zwoa Buam hat er sich angeschafft:
Der oan besorgt das Bauern,
der andre Bier und Rebensaft
wohl hinter Klostermauern.

So ham, was Leib und Seel versorgt
in Bauernhof und Kloster,
sich gegenseitig ausgeborgt
der Baur und Kellermoaster.

Der Meistertrunk

Die hohe Stadt auf Felsgestein
blieb lange unbezwungen,
bis eines Nachts bei Fackelschein
die Feinde eingedrungen.
Trotz Mauern, Zinnen, Wehren
wollt' sie der Feind verheeren.

Man trieb die Leute auf den Platz
und ließ sie nicht mehr schlafen.
„Gebt Gold uns her und Silberschatz,
bei Tod und Kerkerstrafen!"
Wiewohl die Feinde fluchten,
sie doch vergebens suchten.

Da schleppten sie an Ketten schwer,
gestoßen und geschunden,
den greisen Bürgermeister her
und taten ihm bekunden:
„Trinkst du den Stiefel außen,
könnt ihr in Frieden hausen!"

Sie fielen ringsum auf die Knie
und schrieen händeringend:
„Das schafft der alte Herr doch nie,
uns so den Tod bedingend!"
Sie taten voller Schrecken
die langen Hälse recken.

Der Alte hob den vollen Krug,
lang schauend in die Runde,
und leerte ihn in einem Zug:
Abzog der Feind zur Stunde.
Dem Meister, Trunks gewohnet,
hat es die Stadt gelohnet.

Was bin ich doch ein armer Wicht,
hab weder Stadt noch Feinde,
zu trinken vor dem Hochgericht
zum Wohle der Gemeinde.
Wir wär' ich da entlohnet,
den guten Trunk gewohnet!

Bibelfest

Warum ich bin so bibelfest,
das läßt sich leicht erraten:
Bei jeden Trunkes letztem Rest
denk ich an Wundertaten.

Die erste, die mir imponiert,
zu Kana ist gewesen,
als da der Herr ließ ungeniert
den Lazarus verwesen.

Er hörte erst der Mutter Pein
und ließ gar emsig handeln,
um fuderweise Hochzeitswein
aus Wasser zu verwandeln.

Dann hat Er Lazarus, der schon
in seinem Grab gestunken,
erwecket und um Gottes Lohn
von Marthas Wein getrunken.

Ach, hätt' ich doch der Witwe Krug,
der nimmer sich tät leeren,
dann hätte ich auch Weins genug,
selbst Heiden zu bekehren.

Wenn sich am End beweisen ließ',
daß bibere mit Bibel
zusammenpaßt, dann wär gewiß
das meine liebste Fibel.

Brot und Wein

Schon heute weiß ich ganz gewiß,
es wird der Himmel staunen,
wenn aus des Grabes Finsternis
beim Schallen der Posaunen

mein alter Leib sich neu belebt
und gleich zu erstem Zechen
die Hand zum Mund den Krug erhebt,
den Richter zu bestechen.

„Hast Du nicht Brot und Wein bestimmt
zum heil'gen Sakramente?
So schone mich, der beides nimmt,
nach Deinem Testamente!"

Dein Pfäfflein gab mir nur das Brot,
ob hoch, ob still die Messen.
Doch hab' daheim, wie Dein Gebot,
den Wein ich nie vergessen.

Ich bin mir mancher Schuld bewußt,
doch hoffe ich auf Gnade.
Hätt' ich versäumt des Trinkens Lust,
gelt, Herr, 's wär' ewig schade!

Die Kroaten

Es kamen einst nach Beograd
zehn wackere Kroaten
und waren sichtlich ohne Rat,
eh' sie's gefunden hatten.

Sie suchten kreuz und suchten quer
mit einer Stallaterne
nach einem Posten mit Gewehr
am Tore der Kaserne.

Beim Morgengrauen gegen vier
da hatten sie noch Stunden
am Fahnenmast ihr Standquartier
erkennbar aufgefunden.

Da wurden sie gleich auf der Stell'
gesteckt in Prachtmonturen
und saßen schon beim Frühappell
zu Pferde als Panduren.

Doch trugen alle ebenfalls,
wie sie daheim es taten,
die bunten Tücher um den Hals
als fröhliche Kroaten.

Mit „Vivat cum ecclesia"
hat man sie rasch vereidigt
„Maria et Theresia!",
von Preußens tief beleidigt.

Schon zogen ab nach Schlesien
die stattlichen Kroaten,
für Kaiserin Theresien
zu fechten als Soldaten.

Am Morgen saßen wie ein Pfau
zu Pferd sie keck und munter,
am Mittag schossen haargenau
die Preußen sie herunter.

Am Abend war der Slibowitz
mit ihrem Blut zerronnen,
derweilen schon der Alte Fritz
die letzte Schlacht gewonnen.

Zur Nachtzeit schrieb Marie Theres
in ein's der Tagebücher:
„'S ist schade, pulchri homines,
um eure bunten Tücher!"

Thora und Bibel und Koran

Ein Muslim las,
ein Jude sah's
und fragte nach dem Buche.
Da bot der Muslim den Koran
dem Juden gleich zu lesen an.
Der drohte laut im Fluche
vor lauter Schrecken
mit seinem Stecken.

Ein Jude las,
ein Muslim sah's
und fragte nach der Rolle.
Da bot der Jud' dem Muselman
gleich die Thora zu lesen an.
Der schrie, was das denn solle,
wollt' vor Entsetzen
ihn gar verletzen.

Da kam ein Christ
voll Hinterlist
und hieß die Beiden knieen.
Dem Muslim bot er kühlen Wein,
dem Juden Fleisch vom fetten Schwein
und ließ sie nicht entfliehen,
zu ihrem Schrecken
nicht ums Verrecken.

Ich selber les'
ich selber seh's,
was da in Buch und Rolle
Thora und Bibel und Koran
uns armen Menschen bieten an:
Daß Wein man trinken solle
mit Fleisch zusammen
in Gottes Namen!

Der Wolf

Es lebt einmal ein Jägersmann,
wie ,s halt ein Jäger machen kann
in einem tiefen Forste.

Er trug gemach auf Schritt und Tritt
ein Fäßchen Bier im Rucksack mit,
zu fröhnen seinem Dorste.

Nun machte doch im Jagdrevier
ein riesengroßes Wolfgetier
gar mächtig ihm zu schaffen.

Da nahm er seine Büchse her
und pirschte täglich kreuz und quer
das Untier totzupaffen.

Das räuberte nicht nur im Wald
nahm auch zu seinem Unterhalt
manch Schäflein aus der Herde.

Der Schäfer steckte voller Wut
dem Jäger an den grünen Hut
geharnischte Beschwerde.

Der zog daher erneut ins Holz
und fühlte sich im Waidmannsstolz
vom Hirtenwort getroffen.

Bald aber lag, vom Wolf genarrt,
er wie gewohnt nach Jägerart,
am Waldrand stockbesoffen.

Der Schäfer sah auf seiner Tour
des Riesenwolfes Tatzenspur
und ließ die Hunde spüren.

Die konnten bald mit Wutgebell
zu der bekannten Ruhestell'
den grimmen Hirten führen.

Der fand den Jäger halb verzehrt,
das Fäßchen aber ganz geleert,
den Wolf nun stockbesoffen.

Der Schäfer nahm die Büchse auf
und schoß gleich dreimal leer den Lauf.
Der Wolf lag tot getroffen.

Schuld und Sühne

Vom Tresen blinkt ein Hoffnungsschimmer:
Die Wirtin bietet mir Kredit
für alles, was in ihrem Zimmer
zur Nacht von mir mit ihr geschieht.

Soll ich auf kühlen Trunk verzichten
und lieber keusch und nüchtern sein,
so kann ich singen nicht, noch dichten
von einem Kruge ohne Wein.

Mir ist so gar nicht ganz geheuer,
was wohl die Wirtin alles will,
doch füg' ich mich dem Abenteuer
dem Wein zuliebe mäuschenstill.

Als ihre letzten Hüllen fallen
glaubt sie zu sterben bei Verzug
und heißt mich dreifach ihr zu zahlen
im voraus schamlos Krug um Krug.

So denk' ich nun bei jedem Zuge
an die verdammte Schuld und Pflicht
und bange, ob's beim vollen Kruge
mir eines Tags an Durst gebricht.

Das Ständchen

Mit Funkelwein beim Kerzenschein
trank Mut ich zum Gelingen,
dem allerliebsten Mägdelein
ein Ständchen darzubringen.

Trotz Bubberherz und Hasenfuß
konnt' ich mir 's nicht versagen,
auf langem Wege kurzen Gruß
ans Fenster ihr zu tragen.

Die Häuser schienen aufgereiht
wie nächtliche Gespenster,
ich spähte in der Dunkelheit
nach ihrem hellen Fenster.

Verliebte schauen maulwurfblind.
Als ich den Augen traute,
da nahm ich Stand und gleich geschwind
zum Ständchen meine Laute.

Der ersten Strophe letzter Ton
sollt' auch der letzte bleiben:
Ein Mordsgezeter drohte schon
hoch von den Fensterscheiben.

Beim Nachttopfregen war mir klar:
Dort tat mein Schatz nicht lauschen!
Mein Wirrkopf so vernebelt war,
ihr Häuschen zu vertauschen.
Das war, bei Bacchus sei 's geklagt,
ein klägliches Beginnen.
Am Ende schlich ich, eh' 's getagt,
vom Tausch enttäuscht von hinnen.

Die Laute hab' vermaledeit,
dem Sang ich abgeschworen.
Wie kam's nur, daß die Herzensmaid
ich gleicher Stund' verloren?!

Der Meisterlohn

Ein Schuster und ein Schneider,
die wohnten nachbarlich.
Es war im Sinne beider,
daß sie vertrugen sich.

Des Schusters Frau die Kleider,
des Schneiders Frau die Schuh'
verfertigten der Schneider
und Schuster immerzu.

Der Schneider maß bedächtig
vom Zwickel bis zum Knie
und sparte dabei mächtig
an Stoff, doch nicht an Müh'.

Für all die vielen Proben
war immer accurat
von unten bis nach oben
des Schusters Frau parat.

Sein Stulpenstiefelmuster
vom Zwickel bis zum Fuß
der Schneidersfrau der Schuster
anmaß zum Gehgenuß.

An Leder nicht, noch Stichen
ward knauserig gespart,
die Stiefel weich gestrichen
am Bein nach Meisterart.

Bald hat sich 's rumgesprochen,
mit welcherlei Geschick
genäht ward und gestochen
mit echtem Kennerblick.

Die Schere und die Ahle
durften hinfort nicht ruhn
und hatten alle Male
von früh bis spät zu tun.

Die Weibsleut war'n begeistert
und standen Schlange schon,
die Meister war'n gemeistert
von dieser harten Fron.

Sie fluchten Zwirn und Sohlen
und packten ihren Sack:
„Der Teufel soll euch holen,
verrücktes Weiberpack!"

Weißt du, wieviel ...

Weißt du, wieviel Herren stehen
vor dem blauen Himmelbett?
Weißt du, wieviel Damen flehen,
sie zu finden lieb und nett?
Keiner hat es noch gezählet,
wieviel mal er da gefehlet
aus der ganzen großen Zahl,
aus der ganzen großen Zahl.

Weißt du, wieviel Äuglein schielen
unterm heißen Sonnenhut,
wieviel Bachfisch' gerne spielen
mit dem Köder an der Rut?
Ohne Hemd und ohne Namen
schlafen sie im Bett zusammen,
wo sie nun so fröhlich sind,
wo sie nun so fröhlich sind.

Weißt du, wieviel Dirnlein frühe
schon in ihre Bettlein gehn,
daß sie Geld für ihre Mühe
morgens auf dem Nachttisch sehn?
Und der Teufel hat an allen
seine Lust, sein Wohlgefallen,
kennt sie all und hat sie lieb,
kennt sie all und hat sie lieb.

Der Fischer

Ein Fischer fuhr auf's Meer hinaus
auf seiner Bruchschaluppe,
doch Wogenschwall und Sturmgebraus,
die waren ihm ganz schnuppe:
Er traute der Schaluppe.

An Bord gab's keinen Rettungsring,
viel Krimskram lag in Haufen,
doch ohne sein herzliebstes Ding,
ein Fäßchen Bier zum Saufen,
wär er nie ausgelaufen.

Die linke Hand das Steuer hielt,
die rechte fest den Becher.
Daß die Schaluppe tanzte wild
bei jedem schweren Brecher
das störte kaum den Zecher.

Im Sturm schlug die Schaluppe leck,
brach Mast und Takelage
und über Bord vom Bug zum Heck
ging beidseits die Bagage:
Das bracht' ihn nicht in Rage.

Als die Schaluppe schwink und schwank
schon drohte umzukippen,
hob er das Faß zum letzten Trank
bedächtig an die Lippen,
nur ja nichts zu verkippen.

Eh' die Schaluppe endlich doch
versank, trank er zur Neige
das Faß und stopfte ihm das Loch,
auf daß er es besteige,
und tat es gar nicht feige.

Da trug das Faß den Schiffersmann
der schweren See zum Trutze
so leicht hin, bis er Land gewann,
so leer es war, zum Schutze,
wie sonst gefüllt zunutze.

Zuhause kochte seine Frau
vor Wut, weil die Schaluppe
verloren, dann Forelle blau
nach einer heißen Suppe
doch ihm war alles schnuppe.

Er hielt es für das allerbest',
nicht lang herumzuhocken
und holte seinen letzten Rest
an Zaster aus den Socken.
Was tat ihn wohl verlocken?

Im Hafen gab's 'nen Riesenspaß:
Zum Prachtding an Schaluppe
trug er das wohlgefüllte Faß
wie eine Lieblingspuppe:
All' andres war ihm schnuppe!

Der Teufel und die Magd

Segovia, Segovia,
du alte Stadt der Kelten,
wo einst ein Wein, Segovia,
'ne Magd nicht ließ entgelten,
was Satan sie versprochen,
als ihr der Krug zerbrochen.

Sie schleppte Wasser Tag für Tag
zum herrschaftlichen Hause
und gönnte sich bei aller Plag
auch nicht die kleinste Pause.
Eh's Tagwerk ihr gelungen,
war ihr der Krug zersprungen.

Da dachte sie in ihrer Qual,
wie sie es könnt vermeiden,
daß ihre Lieben allzumal
drum müßten Hunger leiden.
Sie tat in ihrem Bangen
nach Satans Hilf' verlangen.

Der war auf Hilfe rasch bedacht,
doch tat sie ihm bedingen:
„Kannst du mir nicht noch dieser Nacht
das, was ich will, vollbringen,
hab ich mein' Seel gewonnen
und bleib' der Höll' entronnen.

Bau mir ein' Riesenaquaedukt
noch vor dem Morgengrauen!"
Der hat sich nicht lang umgeguckt
und tat schon emsig bauen
mit seiner Höllenmeute,
daß sie ihr Wort bereute.

So tat die Magd in ihrer Not
sich an den Himmel wenden:
„Ach, mögest Du doch, lieber Gott,
die Seelenqual mir enden!"
Maria, Gottesmutter, schnell
war ihr als Helferin zur Stell.

Der Menschen Magd und Gottes Magd,
die hielten fest zusammen
und setzten, wie die Sage sagt,
die Teufelsbrut in Flammen,
nach kühlem Wein zu gieren,
an Wein sich zu verlieren.

Maria wußte, wie der Wein
zu Kana einst tat munden,
kredenzte drum dem Teufelein,
daß sie die nächsten Stunden,
ganz auf den Wein versessen,
des Aquaedukts vergessen.

Daß schlecht geendet Lucifer,
was er so gut begonnen,
des freuten sich die Mägde sehr
und tranken selbst vor Wonnen,
dem Teufel wohl zum Spotte,
zum Dank dem lieben Gotte.

Segovia, Segovia,
du alte Stadt der Kelten,
was gäb ich drum, Segovia,
es stets dir zu entgelten,
si magnos mihi fluctus
nunc daret viniductus!

Das Osterhasenei

Zu Ostern will ein junger Has'
auch einmal Eier legen
und setzt sich drum ins grüne Gras,
doch bringt er nichts zuwegen.

Da sieht er just, was Hühner tun
mit einem Hahn als Freier,
und nimmt sogleich zum Weib ein Huhn
für seine Ostereier.

Vergeblich er das Huhn besteigt -
Natur hat ihre Tücken! -
doch als der Hahn es ihm gezeigt,
kann er das Huhn beglücken.

Kaum legt es ihm ein Osterei
ins Nest aus Gras und Blüten,
beginnt es nach der Gackerei,
es auch schon auszubrüten.

Am Ende liegt im grünen Gras
ein Etwas zum Entzücken
von Henne wie von Osterhas'
halb Häslein und halb Kücken!

Der Tod

Ein König saß auf seinem gold'nen Throne,
ein großer Herrscher über weites Land:
Da nahm der Kaiser Tod ihm seine Krone
vom Haupte und das Zepter aus der Hand.

Ein Kaufmann saß auf seiner schweren Truhe
und ruhlos wog und maß er Geld und Gold:
Da ließ der Kaufherr Tod zur letzten Ruhe
in Plutons Reich ihm nur den Fährmannssold.

Ein Bauer saß auf seinem vollen Karren,
fuhr ein die reiche Ernte Sack um Sack:
Da nahm der Gutsherr Tod ihn einzuscharren
im Gottesacker, leicht ihn Huckepack.

Ein Sänger saß auf seinem eignen Hintern,
den Beutel leer, das Herze voller Not:
Da griff zu seiner Laute, ihm zu lindern
des Lebens Schmerz, der Meistersänger Tod.

Sei König, Kaufmann, Bauer oder Sänger,
doch sei es keine Stunde lang zur Last!
Genieß' den Tag, er wird kein Stündchen länger,
wenn du ihn ohne Freund verloren hast!

Juanita

Juanita, Teufelsweib,
eh' ich deinen Krallen
rettungslos verfallen,
wehrt mein Dürsten deinem Leib
jegliches Gefallen.

Deine Arme, Beine dein,
welch ein Überraschen
glänzen mir wie Flaschen,
voll von herbem Jerez-Wein,
still davon zu naschen.

Deiner Augen Feuerglanz
dringt mir in die Seele;
wirbelnd ohne Fehle,
glühet mir dein Teufelstanz
heiß in Herz und Kehle.

Hüpfend zum Stakkatoschritt,
locken deine Brüste,
Kelche süßer Lüste.
Wer da keinen Durst erlitt,
ich zu gerne wüßte.

Deiner Haare schwarzer Schwanz
peitscht zu Kastagnetten
mir das Herz wie Ketten.
Bacchus, werde endlich Mann's
g'nug, mich zu erretten!

Deiner Röcke Fall und Bausch
rauschen mich betrunken;
eh' ich drin versunken,
geb' ich dir für solchen Rausch
auch nicht einen Funken.

Stockt dein Fuß, verharrt dein Kleid,
muß ich dir gestehen:
Hab' dich gern gesehen,
doch mir tat der Becher leid,
ließ beim Tanz ihn stehen.

Juanita, Teufelsweib,
wirst du einmal meine,
innig sich vereine
meine Seel' mit deinem Leib,
Weinen sich mit Weine!

Die Treulose

Ich weiß ein Mädchen blühen
wie ein Wildrosenstrauch,
kenn' seiner Wangen Glühen
und seine Dornen auch.

Es hat mein Lieb' erstochen
um and'rer Liebe Lohn,
die Treue mir gebrochen
nach einem Sommer schon.
So schütt' ich meine Tränen
um die, die einmal mein,
und meines Herzens Sehnen
in einen Krug von Wein.

Ich schlucke beid's hinunter
und schöpfe neuen Mut,
doch trink' ich, - ist's ein Wunder?!-
sooft es weh mir tut.

O Mädchen, all dein Blühen
ist mir ein Dornenstrauch,
darin ich muß verglühen
und meine Liebe auch.

Gestern, heute, morgen ...

Gestern sah ich Dich, Geliebte, nicht
und ich war zutiefst betroffen.
Heute suchte ich Dein Angesicht,
doch vergeblich war mein Hoffen.
Morgen bin ich mit der Sonne Licht
bis zum Mondschein Deinethalb' besoffen.
Gestern, heute, morgen heischt Verzicht,
Dein, betreffs besoffen, noch zu hoffen.

Himmel, Erd' und Hölle

Die Hölle ist ein Wald von Dornenhecken
worin sich tausend holde Mägdelein
als allerliebste Nackedeis verstecken
und auch nicht einen Mann, nicht zum Verrecken,
als mit der Dornenkrone lassen ein.

Der Himmel kann die Hölle nicht verknusen
und ist fürwahr kein Freudenhäusermeer
mit seinen Nonnen ohne Po und Busen.
Wo, Himmel sacra, könnt' ein Mann noch schmusen,
wenn's nicht dazwischen auf der Erde wär?!
Drum hab' ich diesem Zwiespalt abgeschworen
so zwischen Höllenlust und Himmelspein
und mir auf Erden einzig auserkoren,
woran ich gerne Leib und Seel' verloren,
ein Glas erst, Krug dann, bald ein Fäßchen
Wein!

„Orpheus und Eurydike"

Griechenmädchen, Eurydike,
ach, Du bringst mich um,
wenn ich nach Dir um mich blicke!
Will nicht Orpheus heißen,
bleibe lieber stumm,
lass' mir aber nicht entreißen
Dich, mein Eigentum.
Will Dich Diotima nennen
und mich Sokrates.
Wolle keinen Mann erkennen,
schwör's bei meinem Becher!
Alkibiades
ist ein frecher Blütenstecher,
Mädchen, wisse es!

Herzliebste

Ich seh, Herzliebste, Dich
in eines andern Armen
erleben Lieb' und Lust.
Ich fühlt', Herzliebste, sich
Dein Herz erneut erwarmen
an eines andern Brust.
War Dir mein Weh und Harmen
um Dich zum Gotterbarmen
nicht einen Deut bewußt?

Täusch' nie, Herzliebste, mehr
mein Herze mit Verlangen
nach neuer Lieb' und Lust!
Denn Deiner Wiederkehr
verschließet voller Bangen
mein Herz sich schmerzbewußt.
Bin ich dereinst gegangen,
so magst erneut Du hangen
an eines andern Brust.

Drum hab' ich mir zum Trost,
mich trotzig ihm zu einen,
ein Liebchen angelacht.
So oft ich es liebkost,
hab' ich bei Wein und Weinen
nur immer Dein gedacht.
So sei mein letztes Meinen
von Herzen Dir, der Einen
und Liebsten zugebracht!

Herbstlied

Es gilbt das Weinlaub schon an seiner Ranke
und, ehe Du des Jahres Lauf bedacht,
wird fallen es so leicht wie ein Gedanke
beim ersten Reif in einer Herbstesnacht.

Es gilbt der Wein zu einem gold'nen Tranke,
und wenn das Glas Dich zum genießen lädt,
dann trink' und herze Deine gertenschlanke
Gespielin einer Nacht, eh' es zu spät!

Und gilbt der Neid der Anderen Gesichter,
denk' an des Laubes Fall und gib dem Wein
des Zechers Ehre und zum Dank als Dichter
ein Liebeslied dem Herzensmägdelein!

Herzmägdelein

Vieltausendlieb's Herzmägdelein,
bin ich Dir heut willkommen,
sei uns ein Krug von herbem Wein
zum süßen Miteinandersein
vom schweren Faß genommen!

Vieltausendlieb's Herzmägdelein,
müßt Deiner ich entsagen
um einen Trunk vom besten Wein,
so würd' ich nicht zu halten sein
und Faß samt Krug zerschlagen.

Vieltausendlieb's Herzmägdelein,
wie ist mir so bekommen
ums Herz! Ist es der schwere Wein
oder weil schon des Abschieds Pein
zur halben Nacht gekommen?

Vieltausendlieb's Herzmägdelein,
bleib ich Dir doch willkommen,
so will zum Trunk vom herben Wein
und süßem Miteinandersein
ich endlos wiederkommen.

Vieltausendlieb's Herzmägdelein,
willst Du nicht bei mir bleiben,
wird herber als der herbste Wein
von Dir das Auseinandersein
mich ins Verderben treiben...

Sua cuique

Leise, leise,
solcher Weise
geht der Jäger auf die Pirsch
und er trifft
voller Kraft,
wie er pifft
oder pafft,
einmal Maid und einmal Hirsch.

Schlau und schlauer
prüft der Bauer
rings im Lande Ding um Ding
und er ruht
erst gemach,
wenn sein Gut
unterm Dach
und ein Weib im Hofgering.

Frech und frecher
greift der Zecher
bald zum Glas, bald voller Lust,
wenn der Wirt
selbst von Wein
trunken irrt,
ganz gemein
dessen Weib an Leib und Brust.

Dumm und dümmer
ist wohl nimmer
einer so wie ich, der Tor,
der umwirbt,
die er liebt,
und erstirbt,
weil sie schiebt
seiner Lieb' den Riegel vor.

Schlau, frech, leise,
solcher Weise
wollt' ich, Mädchen, nie Dich frei'n.
Lieber dumm
als verroht
geh' ich stumm
in den Tod
als kein Kavalier zu sein.

Deiner Küsse
falsche Süße
schenk Tithonos und Narziß!
Kein „Ade"
sag' ich Dir,
tut's auch weh.
Daß Du mir
die Herzliebste warst, vergiß!

Der Fahrensmann

Es reitet fröhlich ohne Prunkschabracken
ein Fahrensmann durch sein erträumtes Land.
Als Weggepäck sitzt ihm der Schalk im Nacken.
So zieht er, nur der Ferne zugewandt.

Allmorgens reitet er auf Schusters Rappen.
Als wär' allein er auf dem Erdenrund,
führt er im Schilde nichts, doch als sein Wappen
ein Krüglein, festgeschnürt am Hosenbund.

Er hat es Jahr um Jahr zur Abendstunde,
wenn irgendwo er gastlich eingekehrt,
bei Tisch erzählend die begehrte Kunde,
gar wohlbedächtig Zug um Zug geleert.

Am Ende singt er altgewohnt zur Laute
des Wirtes Töchterlein zum Dank ein Lied,
dem er des Herzens Sehnsucht anvertraute,
bevor am Morgen er des Weges zieht.

Vielleicht erahnt er schon die Morgenröte,
da es ihn nicht mehr treibt zum Ritt hinaus,
weil er, geliebt, vergißt des Herzens Nöte,
bei einer Maid geborgen und zu Haus.

Einst und jetzt

Was kümmerte mich Gyges' Ring,
das Reich, das er gewonnen,
wenn mich geküßt ein herzigs Ding,
vom Blondhaar eingesponnen?

Was scherte mich des Kroisos' Gold,
das täglich er gezählet,
wenn mich ein schwarzes Mädchen hold
zur Liebesnacht erwählet?

Was brachte ein mir Davids Kunst,
vor König Saul zu spielen,
wenn braunes Haar und zarte Gunst
bei einer Maid gefielen?

Was hat mich Solons Rat geplagt,
gutbürgerlich zu leben,
wenn einem Rotschopf es behagt,
mir Liebesglut zu geben?

Heut lendenlahm, ergraut, allein, -
das bringen so die Jahre! -
da schätze mehr ich reinen Wein
als Fraun und falsche Haare.

Abendgebet

Wie waren all die Mädchen lieb
und mir von Herzen teuer,
doch war ich nie ein Unschuldsdieb,
erpicht auf Abenteuer!

Ich hab' landein, landaus gesucht,
doch wechselnd sie gefunden;
Hausbacken bald und bald verrucht,
brav frei und frech gebunden.

Allabends fleh' ich im Gebet:
„Und sei's mir zur Verfluchung,
Herr, führe mich, bevor's zu spät,
noch einmal in Versuchung!

Gib endlich mir die Herzensmaid,
die noch kein Wicht verführet,
und Brot und Wein zur Seligkeit,
wie's Liebenden gebühret!"

Μηδὲν ἄγαν

Wer schlürfet Wein selbst allerbester Sorte,
beim Bacchus!, bleibt ein armer Schlucker nur,
ist ihm versagt die Andacht jener Worte
von jeden Weines wechselnder Natur.

Bald heißt er spritzig, schlang von feiner Blume,
hat bald Bouquet, bald schmeckbar einen Schwanz,
ist würzig, erdig wie die Ackerkrume,
rund, stählern, prickelnd und von Eleganz.

Läßt Du Dich maßlos zum Genuß verführen,
bekommt Dir selbst die beste Sorte schlecht;
willst Du des Weines volle Reife spüren,
trink maßvoll und des Winzers Mühn gerecht!

Des Weines Lehre sollst Du nicht vergessen,
lacht Dir einmal ein süßer Mädchenmund.
Die Reife kannst Du wie beim Wein ermessen,
blickst Du in ihre Seele bis zum Grund.

Nicht anders ist Poussieren als Moussieren:
Nimm Dir und gib auch ihr dafür die Zeit!
Nach Wein und Liebe sehnt sich ohne Gieren,
wer Reife schätzt und edle Kostbarkeit.

Versäumtes Glück

Im Frühling war's
des jungen Jahrs:
als rings die Knospen trieben
und sie mich rief,
da bin ich taub geblieben,
weil ich bei einer andern schlief.

Im Sommer war's
des halben Jahrs;
als alle Welt erprangte
in Farbenpracht
und sie nach mir verlangte,
hab' einer andern ich gedacht.

Im Herbste war's
des reifen Jahrs;
als schon zur Ernte drängte
der Erde Frucht,
es ihr das Herz beengte,
da sie vergeblich mich gesucht.

Im Winter war's
des müden Jahrs;
ich hört' beim Flockentreiben
ihr Rufen nicht,
verlockte doch zum Bleiben
mich einer andern Angesicht.

Im Frühling war's
des neuen Jahrs;
das faßte mich Verlangen
nach Wiederkehr,
doch sie war still gegangen
und die vertraute Kammer leer.

Nicht einmal war's
des ganzen Jahrs,
daß ich mich nicht betrunken
vor Sehnsucht hab'.
Ach, wär' ich doch versunken
mit ihr in unsrer Liebe Grab!

Spanisches Lied

Sonne, ach, scheine
hold ihrer Bahn,
grüß mir die Eine,
die so lieb mir zugetan.

Laß ihr zum Dank ein Meer von Rosen
erblühn und duftend sie umkosen!

Sonne, ach, scheine
hold ihrer Bahn,
grüß mir die Eine,
die ich nie vergessen kann!

Spanischer Wein

Vor allen Früchten dieser Welt
ist keine, die mir so gefällt
wie eines Weinstocks Beere.

Wie nützt mir des Granatbaums Frucht,
wenn mich ein Mägdelein besucht,
doch ich des Weins entbehre?

Orangen, Datteln, Feigen, Nuß
hat meines Gaumens Hochgenuß
als Wein sie je verwehret.

Für Wein pfeif' ich auf Gyges Gold
auf alles, was ein Mägdlein hold
mir wie und wo gewähret.

Ein Narr, wer nicht zu kosten weiß:
Den Wein so kühl, den Kuß so heiß
doch wechselwas genommen.

So bleibe, wie es immer war,
ein kühler Trunk mir immerdar
samt Mägdelein willkommen.

Jahreslauf

Im Frühling schritt
ich leicht dahin,
erfreut von Licht und Leben.
Der Winzer schnitt,
mir gleich im Sinn,
im Weinberg seine Reben.

Im Sommer quoll
vom wilden Strauch
der schwere Duft der Rosen,
bald standen voll
die Wiesen auch
von späten Herbstzeitlosen.

Der Winzer fuhr
zufrieden ein
die Ernte seiner Reben,
der Sonne Spur
im gold'nen Wein
zur Reife aufzuheben.

Da rührte mich
mit Bitterkeit
der Nachtigall Wehklagen,
da spürte ich,
das war die Zeit,
dem Jahr Lebwohl zu sagen.
[Oder:
der Liebsten zu entsagen.
Oder:
Abschieds Schmerz zu tragen.]

Bitte an Bacchus

Was gäbe, Bacchus, ich darum,
wär ich mein freier Herre,
erlöset vom Martyrium
durch meines Weibs Geplärre1

Ich böte mich zu ew'ger Fron
Dir an und Deinen Gaben,
wär ich verschont von ihrem Hohn
über mein Soll und Haben.

Gib mir für sie, für Dach und Fach,
für Tisch und Bett und Pfründe
zum Tausch als süßes Ungemach
des Ehebruches Sünde!

Ich werd' des Lebens nicht mehr froh,
wenn ich das Blatt nicht wende.
Ich fräße lieber Heu und Stroh
als Ochs bis an mein Ende.

Beim Weine frei von Tyrannei,
von Tag- und Nachtgesichten,
tat, Bacchus, ich als Litanei
Dir dieses Trinklied dichten.

Voilá un homme!

Un homme sans soif,
un homme sans faim
et sans besoin
du vin, du pain,
trop tard à guerre,
trop bête à faire
l'oeuvre de paix
aimer? Jamais!

Pußta-Söhne

Ungarn haben hohen Mut,
gilt's im Kampf zu sterben,
Ungarn haben heißes Blut,
Frauen zu umwerben,
Ungarn schäumen gar vor Wut,
gibt's da nichts zu erben.

Ungarn zeigen viel Geschick
auf den Pußtaweiden,
Ungarn haben keinen Blick,
Weib und Roß zu scheiden,
Ungarn brechen sich's Genick,
reiten sie zu beiden.

Ungarn ist es einerlei,
ob zu Pferd man steige,
sing' und tanze zu Schalmei
und Zigeunergeige,
Frau'n und Weine von Tokay
koste bis zur Neige!

In vino veritas

So oft von einem vollen Kruge,
die Kehle ganz vom Weg verstaubt,
ich saß, hab' ich dem frommen Truge
von Wein und Wahrheit gern geglaubt.
Trank abend Wein in vollen Zügen
ich, aller Zeitbewußtheit bar,
da strafte mich der Morgen Lügen,
daß kaum die Nacht begonnen war.

So hab' die Jugend ich verträumet,
vom Wein zur Wahrheit agitiert,
und auch das Alter schon versäumet,
zum Wein von Wahrheit animiert.

Nun muß, der Zeit entrückt, ich schwanken
im Wechsel zwischen Buch und Glas
und zwinkernd glauben dem Gedanken:
„In vino manet veritas!"

Einmal möcht' ich noch

Einmal möcht' ich noch in treue Augen schauen,
einmal Hand in Hand mit einem Mädchen gehn,
wenn Altweibersommer seine silbergrauen
Fäden läßt im Spiel des Abendwindes wehn.

Einmal möcht' ich noch im Schatten jener Linde
meiner Liebsten singen, was sie einst mir war,
wo ein Herz, geschnitzt in die zerriß'ne Rinde,
noch bewahret uns'rer Liebe kurzes Jahr.

Rausche, Linde, leise, wenn sie jemals käme,
ihr mein Lied zum Abschied ohne Wiedersehn,
doch verschweige, daß mein Herz sie ewig nähme,
dem um ihrerwillen so viel Leids geschehn!

Einmal noch

Laßt einmal noch den vollen Becher kreisen
bei Wein und Weib, Gesang und frohem Scherz,
Gott Bacchus selbst und seine Welt uns preisen,
ist auch der Beutel leer und krank das Herz!

Doch kommt einst leis Gevatter Tod gegangen,
so trink' ich auf sein Wohl den Becher leer
und folge ihm gemach und ohne Bangen
auf jenem Wege ohne Wiederkehr.

Im Himmel lad' ich Euch in alter Frische,
auf Erden schon zur Ewigkeit geeicht,
bei Nektar und Ambrosia zu Tische,
von Ganymed und Hebe uns gereicht.

Carpe diem

Es ist die Zeit, da aus entlaubten Hecken
kein Vogellaut sich mehr vernehmen läßt,
da Krähen, ausgestreut wie Pockenflecken
noch schwärzen das schon schwärzliche Geäst.

Es ist die Zeit, nicht knausernd und verstohlen
zu nippen nur bei fahlem Kerzenschein,
doch jetzt im Kreis der Freunde herzuholen
das langverwahrte Faß vom besten Wein.

Es ist die Zeit, die Stunde zu betören
mit Seligkeit, da doppelt sie verweilt,
wenn ein holdinniges Sichangehören
sie dir und deiner Herzensliebsten teilt.

Es ist die Zeit, hast du noch nicht gefunden
die Liebe, nicht die Freundschaft, nicht den
Wein,
beherzet auf den Tod dich zu verwunden,
statt bloß zu leben und allein zu sein.

Mein Schatz tut schlecht als Spatz und Specht

Es bohrt im Schmerz um Dich
und uns're Liebe sich
in meines Herzens Fasern
so wie der Specht ein Loch
in eines Baumes Masern.
Wie lang ertrag ich noch
des Herzens schwere Last,
daß Du zu steter Rast
darin nicht bist?

Es pickt ein Schmerz, mein Schatz,
gleich wie der freche Spatz
an einer reifen Ähre
und dennoch hoffe ich,
daß es auf ewig währe
und jedes Körnchen sich
gegen das Spätzlein wehrt,
daß es einmal verzehrt
als letztes ist.

Ring und Liebe

Des Ringes Gold
ist eitler Schein,
bist Du nicht mein.

Bist Du mir hold,
der Liebe Gold,
mein Herz ist Dein.

Spanischer Nachklang

Wo Sänger und Helden nach Süden gestürmt
auf halb schon verschwundenen Spuren,
da folgte ich Bergen, zum Himmel getürmt,
und Flüssen in wechselnden Fluren.

Mit wonnigem Weben durchstäubte die Luft
ein tausendfach perlender Schimmer.
Als atmeten sie im belebenden Duft,
so glühten die Torsen und Trümmer.

Es wuchsen die Säulen ins himmlische Blau,
zu stiller Verehrung zu laden,
zum Tanze der Nymphen auf blühender Au
und leisem Gesang der Dryaden.

Es lockten die Türme den staunenden Blick
hinauf über Zinnen und Bogen,
vom ruhlosen Meere heran und zurück
umbrandet mit gischtenden Wogen.

In Gurten und Graten zusammengerafft,
vermochte in deutenden Bildern
der bergenden Kuppeln gewaltige Kraft
den herrlichen Kosmos zu schildern.

Da suchte das Herz vor den Werken der Kunst
beseelenden Glück zu empfinden,
der Geist in des Augenblicks göttlicher Gunst,
der Schöpfung Gesetz zu ergründen.

Doch Herz mir und Geist, voller Lust, voller Qual
versuchten das Rätsel zu lösen,
nach welchem Maße und bannender Zahl
das Gute sich kündet im Bösen.

Da schaute ich, tief in der Seele versöhnt,
Dein Bildnis, von allem umschlossen,
womit der Himmel die Erde verschönt,
und heiligem Glanze umflossen.

So bot ich die Hände und sank in die Knie,
mein Herz in Deins zu verbluten,
empfindend in himmlischer Harmonie
die Liebe zum Schönen und Guten.

Inhalt:

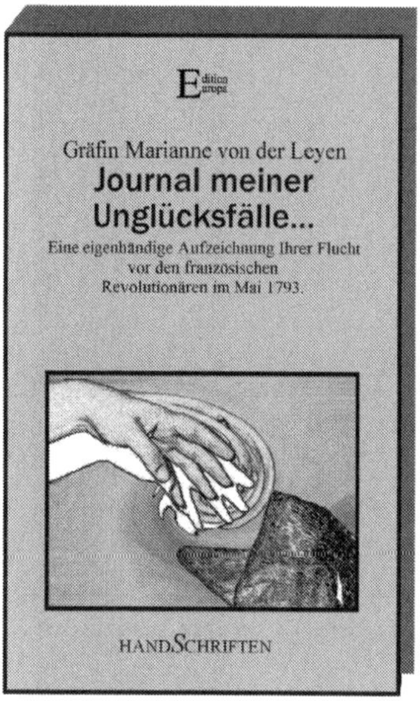

HandSchriften
GRÄFIN MARIANNE VON DER LEYEN
Journal meiner Unglücksfälle...
Eine eigenhändige Aufzeichnung ihrer Flucht vor den französischen Revolutionären im Mai 1793. Deutsche Übersetzung und französische Originalversion
ca. 100 Seiten, DM 19,80
ISBN 3-931773-30-2

Die abenteuerliche Flucht der Gräfin Marianne von der Leyen, von eigener Hand aufgezeichnet, beschreibt ihre Geistesgegenwart, als sie vor der Verhaftung steht und sich verkleidet in Bauernkleidern durch eine List in einer zehntägigen Flucht zu Fuß auf Schloß Karlsberg im nahen Homburg retten kann. Wäre ihr dies nicht gelungen, hätte sie mit dem Todesurteil und der Guillotine in Paris rechnen müssen.
Mit einem Vorwort von Kurt Legrum, Stadtarchivar in Blieskastel.

HandSchriften
KATRIN J. C. KUHN
Orchideen im Mitternachtssorbet
Gedichte und Erzählungen
ca. 90 Seiten, DM 19,80
ISBN 3-931773-31-0

Katrin J.C. Kuhn wurde 1982 in Ottweiler geboren. Schreiben, texten und immer wieder dichten - für sich selbst und als Chefredakteurin der Schülerzeitung Wendalismus - ließen sie 1998 noch als Schülerin des Wendalinum Gymnasiums in St. Wendel beim Wettbewerb „Treffen Junger Autoren“ - Deutschland gewinnen.

„Orchideen im Mitternachtssorbet“ ist ihr erstes Buch.